Andrea & Harald Hesse

Glücksorte im Fünfseenland

Fahr hin und werd glücklich

Droste Verlag

Für unsere Glückskinder!

Liebe Glücksuchende,

das Fünfseenland ist eine der schönsten Gegenden in der bunten Republik Deutschland. Hier trifft eine von Gletscherzungen geformte malerische Hügellandschaft mit Wiesen, Wäldern und einem grandiosen Seenquintett vor imposanter Alpenkulisse auf unvergessliche Geschichten, die vom Märchenkönig Ludwig II., von Kaiserin Sisi, von Künstlern, Bauern und Fischern erzählen.
Wie ein Netz aus Glücksorten spannt sich das Fünfseenland um Ammersee, Starnberger See, Pilsensee, Wörthsee und Weßlinger See. Hier kuschelt sich eine idyllische Badebucht an die andere, finden sich barocke Kirchenjuwele, prächtige Schlösser und Villen in großer Zahl und lassen karibische Nächte in Beach Bars verblassen.
An allen Ecken und Enden heißen urgemütliche Gasthäuser mit idyllischen Biergärten den Gast herzlich willkommen. Sie verführen mit kulinarischen Schmankerln aus der Region und herzhaft-würzigen Bieren. Die unzähligen Naturschönheiten, pittoresken Ortschaften und freundlichen Menschen, die wir auf unseren Trips erlebten, zeigen eines überdeutlich: Glücksmomente dauern im Fünfseenland immer ein bisschen länger.

Glück auf!

Andrea & Harald Hesse

Deine Glücksorte ...

... noch mehr Glück für dich

Filmreife Abendsonne

1 *Wasserberghäusl in Weßling*

Wer wissen will, wie sich pures Glück anfühlt, muss den kleinen Kiosk Wasserberghäusl beim Freibadestrand am Weßlinger See aufsuchen. Vorzugsweise gegen Abend, wenn die untergehende Sonne den kleinen herzförmigen See mit der Wasserfontäne mittendrin wie mit einem orange-rot leuchtenden Seidentuch überzieht und der Trubel des Tages hörbar in seinen wohlverdienten Ruhezustand übergeht. Dann verlassen die Tagesgäste das himmlische Refugium. Und die Einheimischen verlassen ihre nun im Schatten liegenden Gärten, um sich auf der Terrasse am Kiosk mit dem übers Wasser ragenden Steg spontan auf einen Feierabendplausch zu treffen. Dazu ein dunkles Weißbier – auf Wunsch auch ohne Alkohol – oder ein Glas strohgelben Weins. Was kann es Schöneres geben? Vielleicht noch ein Pastrami-Sandwich mit Sauerkraut oder einfach ein Paar Wiener Würstl mit Breze – braucht der Mensch mehr? Ein lauschigeres Plätzchen ist jedenfalls schwerlich zu finden. So genießt man entspannt die Zeit in vollen Zügen und schaut der Sonne weiter beim Untergehen zu, während die Füße vom Steg herunterbaumeln und mit dem Wasser spielen. Dann lässt man seinen Augen freien Lauf und staunt, was sie auf ihrem Streifzug entdecken: den originellen Zwiebelturm der Kirche Christkönig, an Land vertäute Ruderboote in bunten Farben. Und am Ufer vorm Kiosk gleich neben dem Steg schwimmt eine Seerosenkolonie, weiß und gelb leuchten die Blüten auf den grünen Blättern. Kurzum, hier herrscht eine so friedliche Atmosphäre, die der Seele nicht zwei, sondern gleich vier Flügel verleiht. Seit über 40 Jahren ist der Seekiosk am Ort eine Institution, seit 2017 ist Claudius Brudnjak am Ruder. Mit ihm kam auch neuer Schwung: Ab und an geben Musikgruppen ihren Sound live zum Besten. Doch nicht nur im Sommer ist hier viel los, der Kiosk ist (je nach Wetterlage) ganzjährig geöffnet. Und wenn Väterchen Frost den Weßlinger See gefrieren lässt, gibt es wärmenden Glühwein zum Eisstockschießen – kann denn Leben schöner sein?!

TIPP Nach dem Kioskbesuch ist der entspannte Rundweg um den Weßlinger See wärmstens zu empfehlen.

Wasserberghäusl, Obere Seefeldstraße 20, 82234 Weßling, www.wasserberghaeusl.de
ÖPNV: Buslinie 921 (Herrsching–Weßling), Haltestelle Max-Doerner-Weg

Ehrwürdige Zierde

2 *Das Stupperhaus in Bernried*

Manche Gebäude, die es dank liebevoller Hege und Pflege sowie glücklicher Umstände durch die Zeitläufte schaffen, strahlen mitunter einen außergewöhnlichen Charme aus. Davon kann man sich an vielen Ecken und Enden der 2200-Seelen-Gemeinde Bernried am Starnberger See ein eigenes Bild machen. Der kleine heimelige Ort mit seinen weitläufigen historischen Parkanlagen und den vielen alten Eichen – weshalb auch oft vom Baumdorf die Rede ist, wenn der Name Bernried fällt – hat über die Jahre schon viele Auszeichnungen eingeheimst. „Schönstes Dorf Deutschlands" aus dem Jahr 2006 ist nur eine davon. Zu seiner unvergleichlichen Schönheit tragen nicht zuletzt drei historische Bauernhäuser bei, die sich in der Nähe des idyllischen Ortskerns gruppieren, allen voran das urige Stupperhaus. Das ist nicht zu übersehen: Wer die Tutzinger Straße gen Dorfstraße verlässt und linker Hand Kloster Bernried und Hofmarkskirche ignoriert, stößt beim Alten Rathaus auf den Reitweg. Gleich vis-à-vis befindet sich das denkmalgeschützte einstige Kleinbauernhaus, das nach einem verheerenden Dorfbrand gegen Ende des 17. Jahrhunderts in seiner jetzigen Gestalt errichtet worden war: in zweigeschossiger Blockbauweise mit Flachsatteldach, Laube und dem Zierbund. Das karge bäuerliche Leben spielte sich damals unter einem ausladenden Dach ab, das Küche, Stube, Stall und Scheune überspannte. Könnten die dunkel lasierten Holzwände nur ein wenig erzählen, was sich seinerzeit im Dorf zugetragen hat, die gegenwärtigen Zeitgenossen kämen vermutlich aus dem Staunen nicht heraus. Die Wände unterm Überdach sind mit Hirschgeweihen und einem Kruzifix an der Stirnseite geschmückt, zu ebener Erde umlaufen Brennholzstapel das Haus, die auf ihren Wintereinsatz warten. Vor allem im Frühjahr und Sommer mausert sich der umgebende Bauerngarten zu einer wahren Blütenpracht, während Blumenkästen voller Pelargonien den Balkon mit roten, weißen und violetten Farbtupfern zieren. Wie herrlich dieses alte Stupperhaus doch anzusehen ist.

Stupperhaus, Reitweg 2, 82347 Bernried
ÖPNV: Bus 9614 (Tutzing-Penzberg), Haltestelle Abzweig Bahnhof Bernried

Tanzende Seele

3 *Das Ungarische Tor in Ambach*

In der Nähe des Schiffsanlegestegs Ambach beim Gasthaus Zum Fischmeister, wo man einen wohlschmeckenden Schweinsbraten mit rescher Kruste serviert, befindet sich eine ganz besondere Augenfreude: ein Ungarisches Tor. Nur ein paar Schritte die Seeuferstraße entlang, gleich hinterm Café SeeLiebe, trifft man rechter Hand die unübersehbare Schönheit. Neben der Kapelle Ambach aus dem Jahr 1873/74 mit ihrem neugotischen kleinen Saal und dem spitzen Turm markiert sie den Eingang zum dahinterliegenden Landhaus mit Risalit (vorspringender Gebäudeteil mit eigenem Giebel und Dach) und Veranda. Eine Villa zum Verlieben, in der der Schriftsteller Waldemar Bonsels von 1920 bis 1940 lebte – bis heute ist er als Autor von „Biene Maja" bekannt. Alles hier ist wunderbar anzusehen, aber das prachtvolle, holzgeschnitzte Tor – mit grünen Blättern, gelben und roten Blüten verziert – spielt in einer ganz anderen, ganz eigenen Liga. Sobald der Flaneur es unvermittelt erblickt, entfährt ihm ein bewunderndes Staunen. Und nur den Bruchteil einer Sekunde später beginnt sein Herz beschwingt zu schlagen – und die Seele tanzt freudvoll im Dreivierteltakt. Rund fünf Meter hoch und ebenso breit, zudem schmal überdacht, steht es mit seinen beiden rundbogigen Durchlässen – der eine für den fußläufigen, der andere ursprünglich für den Kutschenverkehr gedacht. Ein typisches Szeklertor, wie man sie vor allem aus Siebenbürgen kennt, wo sie noch heute die Zufahrten von Gütern schmücken. Der ungarische Maler Gyula von Benczúr, 1876 von König Ludwig II. zum Professor an Münchens Kunstakademie ernannt, ließ die Villa 1885 – das Tor kam 1894 dazu – nach Plänen seines Bruders Béla bauen. Dabei war er bereits ein Jahr zuvor einem Ruf nach Budapest gefolgt. Um seine Verbindung nach Ambach nicht zu kappen, legte er mit Villa und Tor einen Anker aus. Das Ungarische Tor, wie man es heute sieht, ist ein Nachbau des Originals, aber nicht minder schön! Oh, du Ungarisches Tor, du Blume Ambachs!

Ungarisches Tor, Seeuferstraße 25, 82541 Münsing-Ambach

Buslinie 373 (Seeshaupt-Wolfratshausen) nur werktags, Haltestelle Zum Sägewerk, Ambach

Bewegendes Herz

4 *Skulptur Angelhakenherz in Walchstadt*

Wo die recht schmale Vordere Seestraße die Wörthseer Roßschwemme kurvig umarmt und man früher die Pferde nach getaner Arbeit tränkte, reinigte und an sehr heißen Sommertagen zur Abkühlung ins Wasser ließ, geht es heute kaum anders zu. Allerdings stehen inzwischen nicht mehr die Tiere, sondern der Mensch im Mittelpunkt des nassen Treibens. Ein schnuckeliger öffentlicher Badeplatz mit Liegewiese und schattenschenkendem Laubbaumbestand heißen den Besucher nun willkommen. Auch ein Seekiosk gehört dazu – mit Ausschank, kleinen Speisen wie Burger, Wraps und Ziegenkäsesalat sowie Stand-up-Paddle-Board-Verleih. Und gleich daneben ein Fleckchen Wiese als Surf- und Bootssportareal mit allem Pipapo. Ach ja, der Eintritt ist übrigens frei! Was diesen Ort aber noch eine Spur besonderer macht, ist das Angelhakenherz. Das Skulptur gewordene Sinnbild für Liebe, Partnerschaft, Zugewandtheit, Vertrauen und Verbundenheit. Auf einer rostig-braunen vierkantigen Stele steht sie da und scheint sich wie von magischer Hand aus Mutter Erde zu erheben. Und obendrauf thront das Herz, aus zwei Angelhaken geformt, durch das man auf Augenhöhe am gegenüberliegenden Ufer die Martinskirche von Steinebach erkennt. Geradezu stoisch steht es dort, lässt sich von den jahreszeitlichen Wettern keinen Millimeter bewegen, und doch steigt es mit jedem Schritt weiter himmelwärts, mit dem man sich ihm nähert. Dabei wird es einem so leicht ums Herz, dass man meint, ebenfalls aufwärts zu entschwinden. Das Angelhakenherz hat der Künstler Axel Wagner vor über zwanzig Jahren in seinem Atelier in Greifenberg am Ammersee geschaffen. Meister Zufall stand Pate, als der passionierte Angler zwei Haken in Händen hielt, die sich auf einmal zueinander drehten und ein Herz bildeten. Auf erste Modelle folgten verschiedene Skulpturen, eine davon schaffte es schließlich bis an die idyllischen Gestade der Roßschwemme. Welch harmonisches Gebilde. Da freut man sich aufs Immerwiedersehen!

TIPP

Wer schon an der lieblichen Roßschwemme weilt, sollte unbedingt eine Runde im Wörthsee baden.

Skulptur Angelhakenherz, Vordere Seestraße, 82237 Wörthsee
www.skulpturenweg-woerthsee.de
ÖPNV: Buslinie 928 (Kloster Andechs-Walchstadt), Haltestelle Walchstadt

Tuffsteinernes Glück

5 *Lebendiger Brunnen im Schlosshof von Schloss Seefeld*

„Ein langes Glück verliert schon allein durch seine Dauer." So hat es der deutsche Physiker, Aphoristiker und Aufklärer Georg Christoph Lichtenberg (1742–1799) einmal formuliert. Dieser Erkenntnis kann man durchaus widersprechen, sobald man die imposante Schlossbrücke von Schloss Seefeld und das Torhaus unterm Torbogen passiert – um auf dem seitlich von Wirtschaftsgebäuden flankierten äußeren Schlosshof zu landen. Dahinter erhebt sich wie eine mittelalterliche Burg das auf einem Bergsporn ruhende altehrwürdige Schloss. Es befindet sich seit dem 15. Jahrhundert im Besitz der Familie des Grafen zu Toerring-Jettenbach. In dieser faszinierenden Kulisse, die an allen Ecken und Enden den Geist der Geschichte atmet, herrscht mittlerweile aber nicht nur ein buntes Treiben: Ein Bräustüberl in jahrhundertealten Räumen, ein kleines Kino mit 97 Plätzen, eine Kochschule Eisenherz – welch ein trefflicher Name! –, exquisite Geschäfte und noch vieles mehr geben sich hier ein fröhlich-gewerbliches Stelldichein. Ideal zum Bummeln, Shoppen und Genießen – für Gäste von nah und fern. Dort ragt zudem ein unförmiger, von grünen Moosen und kleinen Pflanzen bewachsener Tuffsteinfelsen, genauer: Brunnen, empor, zu dessen Füßen sich im achteckig gefassten Becken seine Rinnsale ergießen, durch Wasser einer Quelle im benachbarten Widdersberg gespeist. Dessen Kalkgehalt lässt das eindrückliche Gebilde ständig wachsen und versteinern – fürs bloße Auge zwar unkenntlich, über Jahrzehnte aber merklich. So berichtete der Graf einmal einer Zeitung, dass der Felsen 1898, als sein Großvater geheiratet habe, nur halb so groß gewesen sei wie heute. Inmitten dieses imposanten Gebäudeensembles schenkt er zudem Myriaden von Kleinstlebewesen einen herrlichen, vitalen und natürlichen Lebensraum. Insofern ist die Rede vom lebendigen Brunnen nicht nur in zweifacher Hinsicht eine Punktlandung, sondern auch ein deutliches Zeichen von Lebenskunst – ein überaus tiefgreifendes Glück, das durch Dauer gewinnt.

TIPP

Wenige Meter entfernt liegt im Schlosshof das Bräustüberl mit besonders gemütlicher Atmosphäre.

Lebendiger Brunnen, im äußeren Schloßhof von Schloss Seefeld, 82229 Seefeld

Buslinie 924 und 928, Haltestelle Schloss Seefeld

Uralte Herrlichkeit

6 *Methusalem-Bäume im Bernrieder Park*

Sie haben altmodische Namen wie Isolde und Wotan, sogar eine Olga ist dabei und noch andere mehr. Hunderte Jahre tragen sie auf ihren knorrigen Schultern und über den Sommer ein flirrend grünes Kleid – viele Sonnen und Monde lang. Bis es ihnen nach den ersten kalten rauen Oktobernächten ans rindene Leder geht und ihre Kräfte langsam, aber zusehends schwinden. Dann bäumen sie sich doch noch einmal auf, nun in goldrot leuchtendem Gewand, bevor sie sich im Angesicht von Väterchen Frost vollkommen hingeben und entblößen. Dieses ganzjährige Naturschauspiel kann man im Bernrieder Park erleben, dort stehen sie inmitten der wiesengrünen Hügellandschaft und am Ufer des Starnberger Sees. In stoischer Ruhe und wirkmächtiger Herrlichkeit: die Methusalem-Bäume. Uralte Baumriesen, überwiegend Eichen und Buchen, durch die Bank nahe Verwandte von Tolkiens Herr-der-Ringe-Ents. Welch ein besonderer Zauber sie umweht, all diese stämmigen Recken. Angefüllt mit Erinnerungen an längst vergessene Generationen, die um sie herum und an ihnen vorbeischwirrten wie Insekten ums nächtliche Licht. Die Gegenwart vermag lediglich ihre äußere Haut aus Blättern und Geäst zu berühren – ob es sonnt, regnet oder schneit. Und wenn der Wind ihren dichten Schopf rauschend und raschelnd in rund 30 Meter Höhe durchweht, denkt man gleich an das wilde Wellengekräusel auf dem Starnberger See, wenn ein Raddampfer der Schifffahrtsflotte das blaue Gewässer durchpflügt. Nur umarmen sollte man die urwaldigen Exoten nicht, was keine Spitze gegen Waldbadefreunde ist. Vielmehr haben die ehrwürdigen Giganten inzwischen ein biblisches Alter erreicht, weshalb es dem einen oder anderen Arm an hölzernem Halt gebricht. Am besten man platziert sich den wuchtigen Genossen gegenüber, nimmt sie von oben bis unten in den Blick und somit freundlich Verbindung auf. Dann lässt man seinen Gefühlen freien Lauf, um irgendwann weiterzuziehen – baumbastisch geerdet und vollends beglückt.

Bernrieder Park, Unterer Seeweg, 82347 Bernried
ÖPNV: Bus 9614, Haltestelle Abzweig Bahnhof Bernried

Baden wie anno dazumal

7 *Kleines Naturbad in Bernried*

Wer unterhalb vom Kloster Bernried dem schmalen Weg An der Mühle vom Dampfersteg Richtung Bernrieder Park für vier Gehminuten bis zur Hausnummer 1 folgt, den trennen nur wenige Schritte von einem wunderschönen Naturbad mit ellenlanger Tradition: das Strandbad Hubl mit Bootsverleih (nur Ruder- und Tretboote) und gleichnamiger Fischerei, die die Familie seit vier Generationen am Starnberger See betreibt. Noch bevor man das durch eine Buchenhecke vor unliebsamen Blicken geschützte Naturbad erspäht hat, sieht man sich in drei Meter Höhe über der Garagentür auf der Fassade einem Seefischer gegenüber – zünftig, wie es sich gehört, mit Krachlederner, Haferlschuh, Wadenwärmer, Leinenhemd, Hut und einem fast mannshohen Hecht in Händen. Die Wandmalerei erinnert den Gast: Nach dem Baden wartet auf ihn ein kulinarisches Erlebnis. Von Mai bis Ende September gibts hier (meist) samstags ab halb zwölf noch ofenwarmen, auf Buchenholz geräucherten hauseigenen Fisch. Den kann man unterm aufgespannten Sonnenschirm entspannt und in Ruhe mit herzhaftem Genuss im Strandbad verzehren. Wow, wie der schmeckt – frischer und besser gehts nicht! Doch zunächst taucht man in das familiär geführte Strandbad mit den nostalgischen Umkleidekabinen ein, die noch aus der Jahrhundertwende stammen. Die hölzernen Anstandsboxen – damals herrschte eine strenge Moral, die Männlein und Weiblein beim Umkleiden und Baden streng trennte – prägen bis heute den Stil dieses Kleinods, sie verleihen ihm einen unwiderstehlichen Charme und einzigartigen Charakter. Die saftig-grüne Liegewiese des Strandbads mit eigenem Steg neben dem Bootshaus ist von übersichtlicher Größe, was dem Ganzen eine behagliche Note und eine wärmende Geborgenheit schenkt. Kaum ist man da, fühlt man sich wohl – wie ein Fisch im Wasser. Am malerischen Ufer laden einige Parkbänke zum zeitvergessenen Verweilen ein – Logenplätze mit traumhaftem Blick über den See und auf die Berge. Darauf stößt man mit einem Piccolo vom Kiosk an: Glück auf!

TIPP Von Mai bis Ende September gibts von Dienstag bis Samstag beim Fischer Hubl Renken zum Mitnehmen.

- **Strandbad, Bootsverleih und Fischerei Hubl, An der Mühle 1, 82347 Bernried**
- **ÖPNV: Buslinie 9614 (Tutzing-Penzberg), Haltestelle Abzweig Bahnhof Bernried**

Schiffe

Sonne, Erde, Aufkirchen

8 *Planetenweg an der Lindenallee in Berg*

Beim Schulplatz in Aufkirchen, wo Oskar Maria Graf auf dem Koffer sitzt, sind die Planeten unseres Sonnensystems zum Greifen nah – ohne die geringste Gefahr, sich die Finger zu verbrennen oder gar zu erfrieren. Gleich zu Beginn der romantischen Lindenallee, Aufkirchens malerisches Naturspektakelspalier aus mächtigen Sommerlinden – durchweg 120 bis 150 Jahre alte Recken, deren Laubkleider sie bis in 25 Meter Höhe tragen bei Stammumfängen von 3,40 Meter – steht die Zentralstation des Planetenwegs auf Besucherempfang. Genauer: das Modell des Sonnensystems, wie der Starnberger Grafikdesigner Andreas Chowanetz sein Projekt nennt. Unübersehbar strahlt dort eine 50 Zentimeter große „Sonne" den geneigten Betrachter auf Augenhöhe an. Der umkreist sie wie ihre acht Planeten, während sich seine Erscheinung in ihrem polierten Stahl spiegelt. Und bricht sich dann auch noch zur rechten Stunde das Sonnenlicht darin, erlebt man ein derart glänzendes Schauspiel, das man so leicht nicht mehr vergisst. Unter der sonnigen Kugel, die auf einer 1,20 Meter hohen Säule aus Granit ruht, geben Tafeln Auskunft über die Sonne an sich und den (unvollendeten) Verlauf des Wegs von Aufkirchen nach Berg. Zudem sind dort die neun Planeten des Sonnensystems als Edelstahlkugeln maßstabsgerecht zu sehen – von Merkur bis Pluto. Letzterem wurde der Planetenstatus 2006 aberkannt – da waren es nur noch acht. Ganze 50 Meter die Lindenallee hinab erwartet den Flaneur die zweite und bislang letzte Planetenstation „Erde" – ein Blick zurück zur „Sonne" lässt die Dimensionen erahnen. Seit 1996 harren die beiden nun schon auf ihre Geschwisterstationen, doch Bergs Gemeinderat muss – unter Oskar Maria Grafs kritischen Augen – erst noch darüber befinden. Dabei würde sich der fertige Planetenweg perfekt als Sparringspartner für die 1992 an der Lindenallee errichtete Christian-Jutz-Volkssternwarte eignen. Ein Glücksgeschenk für Planetenfreunde – erst besucht man sie mit dem Teleskop, danach mit den Füßen.

TIPP Hier bietet sich ein kleiner Spaziergang über die Lindenallee zur reizenden Wegkapelle St. Anna an.

Zentralstation „Sonne" des Planetenwegs, Lindenallee, 82335 Berg-Aufkirchen
ÖPNV: Buslinie 974 und 975, Haltestelle Aufkirchen

DIE PLANETEN
MERKUR
VENUS
ERDE
MARS
JUPITER
SATURN
URANUS
NEPTUN
PLUTO

Höhepunkt mit Glöcklein

9 *Schutzengelkapelle im Weiler Luigenkam*

Das Fünfseenland ist nicht nur überaus großzügig mit Seen, Weihern, Flüssen und Bächen sowie himmlisch-schöner Landschaft beschenkt. Auch die Zahl der Kirchen, Kapellen und Klöster ist Legion. Zwar machen selbst in diesem katholisch geprägten Filetstückchen Bayerns immer wieder Gotteshäuser ihre einladenden Pforten dauerhaft zu, gelegentlich rücken aber neue nach. In Luigenkam etwa, einem zwischen Holzhausen und Sankt Heinrich gelegenen Weiler mit einer mehr als tausendjährigen Tradition. Hier hat sich zu den Myriaden vorhandener Turmgeläute in der ganzen Region im Mai 2019 ein weiteres Glöcklein hinzugesellt. Und dafür hat es sich einen in mehrfacher Hinsicht Glück verheißenden Ort ausgewählt: die Schutzengelkapelle. Und die steht an exponierter Stelle, buchstäblich auf dem höchsten Punkt einer Anhöhe östlich von Ambach mit freiem Blickfeld über Wiesen auf den Starnberger See und den dahinterliegenden bewaldeten Uferrücken. Die Kapelle auf dem Grund und in Besitz der Familie Ruhdorfer wurde aus Dankbarkeit errichtet und das mit handfester Unterstützung des ganzen Dorfes. Georg Ruhdorfer war bei Reparaturarbeiten schwer gestürzt, zum Glück war sein Schutzengel auf der Hut und fürsorglich zur Stelle. Das anmutige weiß getünchte Kirchlein ist nicht zu übersehen. Wie ein ruhender Fels im tosenden Weltenmeer reckt es seinen kleinen fichtenhölzernen Spitzturm überm Giebeldach mit jenem Glöcklein darin ins weiß-blaue Firmament. Im Innern fallen die wunderschönen Buntglasfenster mit christlichen und lokalen Motiven aus dem ansonsten unaufdringlich schlichten Rahmen. Bei Sonnenschein füllen sie den Innenraum mit einer warmen und beruhigenden Atmosphäre, die man deutlich spüren und in der man Kraftreserven auftanken kann. Wenn dann noch ein Lufthauch das Ohrläppchen sanft streift, glaubt man den Flügel eines Schutzengels zu spüren. Deshalb ist die Schutzengelkapelle tagsüber geöffnet, falls nicht, kann man sich den Schlüssel nebenan bei den Ruhdorfers holen.

Schutzengelkapelle, Luigenkam 1, 82541 Münsing

ÖPNV: Buslinie 373 (Seeshaupt-Wolfratshausen, nur werktags), Haltestelle Ambach

Großes Kino auf See

10 *Eine Schiffsrundfahrt auf dem Ammersee*

Man braucht keinerlei Mast- und Schotbruch-Wünsche, um dieses Glück spendende Schiffsabenteuer auf dem Ammersee zu bestehen. Allerdings muss man sich entscheiden, noch bevor man einen Fuß auf den schwimmenden Körper setzt. Gleich drei Optionen stehen zwischen Ostern und Mitte Oktober zur Wahl: Soll es die große (ca. 3,5 Stunden), die nördliche (ca. 2 Stunden 15 Minuten) oder die südliche Rundfahrt (ca. 1 Stunde 15 Minuten) sein? Dann kauft man sein Ticket taggleich beim Schaffner an Bord, und schon geht es los – zum Beispiel am Dampfersteg Dießen. Mit einem der beiden Raddampfer, „Herrsching" oder „Diessen", in deren Maschinenraum es schon lange nicht mehr dampft und zischt. Stattdessen treibt sie ein Dieselmotor an, der den auf beiden Seiten befindlichen Schaufelrädern den nötigen Schwung verleiht, um rhythmisch ins tiefblaue Seewasser zu platschen, während es mit dem strömungsgünstig geformten Bug sanft die Wellen durchkämmt. Vom großen überdachten Sonnendeck aus gewinnt man zurückblickend gänzlich neue Eindrücke von Dießen: Die vielen hölzernen Bootshäuser, die sich am Ufer zu Dutzenden aneinanderschmiegen, hat man landseitig in der Breite noch nicht gesehen. Das auf einem Hügelrücken erhöht liegende Marienmünster, eine der bedeutendsten Schöpfungen des Spätbarock und Dießens Wahrzeichen Nummer eins, zeigt sich vom See aus von einer nüchterneren Seite. Und je weiter man sich vom Land entfernt, desto imposanter wirkt der Ammersee, der nach Chiemsee und Starnberger See drittgrößte See Bayerns. Und wenn der Blick dann noch bei klarer Luft nach Süden auf die majestätische Alpenkulisse mit der Zugspitze fällt, erlebt man ein ganz großes Open-Air-Kino in hinreißendem Breitwandformat. Da die Rundfahrt unterbrochen werden kann – die große zweimal, die beiden anderen einmal –, bieten sich Landgänge für entdeckungsfreudige Naturen geradezu an. Von Herrsching aus geht man eine Stunde zum Kloster Andechs auf den Heiligen Berg hinauf. Da schmeckt das Bier noch mal so gut.

TIPP Die Herrenstraße mit den malerischen Bürgerhäusern im Herzen Dießens ist einen Abstecher wert.

Dampfersteg Dießen, Seestraße, 86911 Dießen am Ammersee, Tel. (0 81 34) 94021
www.seenschifffahrt.de/de/ammersee

ÖPNV: Buslinie 9650, Haltestelle Rathaus Dießen

HERRSCHING

Schwarzes Gold auf Rädern

11 *Kaffee Kutsche am Ammersee*

Bei manch älterem Semester klopft das Glück der Erinnerung an die Seelentür, wenn ein Titel fällt: „Robbi, Tobbi und das Fliewatüüt“, eine Serie im Kinderprogramm der 70er-Jahre. Damals flogen und rollten die beiden Helden in ihrem Universal-Fortbewegungsmittel von einem aufregenden Abenteuer ins nächste. Fliegen kann der dreirädrige Italiener von Julian Büchner mit den wenigen Pferdestärken unter der Haube zwar nicht, aber wenn er mit seiner schwarzen Kaffee-Kutsche an einem vorbeiflitzt, poppen die Bilder von Robbi & Co. aus Kindertagen spontan wieder auf. Wie schon die Serie ist auch die mobile Kaffeebar im umgebauten Vespacar der Marke Piaggio ein echter Hingucker, dabei verheißt sie der Stamm- und Laufkundschaft im Umkreis vom Ammersee deutlich mehr: einen köstlichen aromatischen Genuss. Und das ist Schatz wie Versprechen. Kaum kommt die Kaffee-Kutsche zum Stehen, fährt sie ihre Seitenflügel aus und gibt den Blick frei auf eine professionelle Kaffeemühle nebst Kaffeemaschine. Ist Letztere erst mal auf Temperatur, fließt auch schon bald das schwarze Gold in einen Recup-Mehrwegbecher für to go. Der schmeckt nicht nur phänomenal vorzüglich, schließlich stammt er aus der Herrschinger Kaffeerösterei am Ammersee von Stephanie Leonhardt, einer diplomierten Kaffeesommeliere, man genießt auch noch das doppelte Glücksgefühl, der Umwelt und sich etwas Gutes zu tun. Die Kutschen-Karte ist zwar klein, aber oho. So umfasst sie Cappuccino, heiße Schokolade, Latte Macchiato, Espresso, Doppio, kalte Cola, diverse Tees, Americano und Milchkaffee. Mit Kuhmilch, die ihren Namen verdient, oder mit Soja- bzw. Haferdrink – ganz nach Geschmack. Ach ja, an sommerlich warmen Abenden gibt es auch Bier und Wein, an winterlich kalten Punsch und Glühwein. Ingwer Shots von Kloster Kitchen sind auch an Bord. Last but not least: Julian Büchner kann man auch buchen – für Feste, Events und Messen. Dann spannt er die Pferde vor die Kutsche und ist im Handumdrehen da. Schneller als mit dem Fliewatüüt.

Kaffee Kutsche, an Wochenenden & Feiertagen am Campingplatz Baumann, In der Senke 2, 82266 Inning am Ammersee, unter der Woche auf Märkten, Tel. (01 73) 86 92 323. Weitere Standorte: www.kaffee-kutsche.de

RATHAUS
-lich
Willkommen
bei der
Kaffee Kutsche
Bitte achten Sie auf
den Mindestabstand!
KAFFEE
Espresso
Espresso Macchiat
Americano
Cappuccino
Chai Latte
Latte Macchiato
Milchkaffee
Heiße Schokolade
Café Crema 2,50
Tee verschiedene Sorten
Hafer oder Soja - statt Milch

Wildromantische Natur

12 *Bank an der Würm nahe Leutstetten*

Es gibt historische Gemälde, die nach Jahrhunderten noch eine aktuelle Botschaft haben – sofern man sie wahrnimmt und deuten kann. Ebenso gibt es Orte, die eine spannende Story bergen – wenn man sie kennt und zu heben versteht. Ein solches Plätzchen befindet sich rechts neben der schmalen Altostraße, die an einer Brücke ihren Ausgang nimmt und nach Leutstetten führt. Dort heißt den Glückssucher auf einem Fleckchen Wiese eine Holzbank willkommen, die den Blick auf einen fast unscheinbar wirkenden und auch wenig bekannten Fluss erlaubt, obwohl der Starnberger See bis 1962 nach ihm benannt war – und dessen einziger Abfluss er ist. Dabei hat dieser Fluss eine unglaublich lange Geschichte, die über Tausende von Jahren weit in dauerfrostige Zeiten zurückreicht und der letzten Eiszeit sogar ihren Namen gab. Außerdem durchwässert er wunderschöne Parkanlagen und Münchens Nymphenburger Schlosskanal: die Würm. Sie ist neben der Isar der einzige Fluss, der die gesamte Landeshauptstadt durchzieht, um nach knapp 40 Kilometern bei Dachau in die Amper zu münden. Der Name Würm wird aus dem Keltischen hergeleitet, was so viel wie „die schnell Strömende“ bedeutet. Von der Holzbank aus will man diese Zuschreibung zwar nicht recht glauben, hier scheint sich die Würm vielmehr gerade auszuruhen – nicht das leiseste Plätschern ist zu vernehmen. Doch das täuscht: Weiter flussabwärts nimmt sie beständig Fahrt auf, ihr Gefälle bis zur Amper beträgt stolze 114 Meter. Wer dem weiteren Lauf der Würm folgt, kann zwischen Königswiesen bei Gauting bis zum Naturschutzgebiet Leutstettener Moos eine wildromantische Naturlandschaft mit allerhand paradiesischen Winkeln entdecken. In denen können sich unzählige Pflanzen und Tiere frei und ungestört entfalten. Sogar Biber sind seit einigen Jahren wieder vor Ort, wovon die in Sanduhrtechnik abgenagten Bäume zeugen. Das alles nimmt man auf jener Holzbank auf dem Fleckchen Wiese wahr, vor der „die schnell Strömende“ innezuhalten scheint, um ihre Geschichte zu teilen.

TIPP In Leutstetten bietet die Schlossgaststätte eine schöne Einkehrmöglichkeit mit großem Biergarten.

Würm, Staatsstraße 2063/Abzweig Altostraße, 82319 Starnberg-Leutstetten
ÖPNV: Buslinie 904, Haltestelle Leutstetten

Berger Dichter

13 *Oskar-Maria-Graf-Denkmal in Aufkirchen*

Dieser Glücksort ist aus Bronze und von einigem Gewicht: das Denkmal von Oskar Maria Graf, das 1994 anlässlich seines 100. Geburtstages in Aufkirchen, wo er die Dorfschule besuchte, aufgestellt wurde. Wenn man sich von der Gemeinde Berg am malerischen Ostufer des Starnberger Sees, die Marienstraße hinauf ins Pfarrdorf Aufkirchen bewegt, schaut einen zur Linken der berühmte Schriftsteller an, bis heute der einzige bayerische von Weltenrang. In unmittelbarer Nachbarschaft zu der nach ihm benannten Grundschule. Allerdings steht der bajuwarisch-barocke Typ von kräftiger Statur hier nicht etwa auf einem Sockel, wie bei vielen Ehrenmälern üblich. Vielmehr sitzt er in Lederhose, Janker und mit Hut auf seinem Exilantenkoffer – Oskar Maria Graf floh 1938 aus Nazideutschland über die Niederlande in die USA, wo er bis zu seinem Tod 1967 lebte. Mit auf den Knien gestützten Händen blickt er etwas skeptisch über Wiesen und Felder auf seinen nahen Geburtsort Berg und den hinter Bäumen verdeckten Starnberger See hinunter. Lange tat sich die Heimatgemeinde mit ihrem berühmtesten Sohn schwer, der sich selbst als Provinzschriftsteller, mitunter auch Bauerndichter bezeichnete. In persönlichen Gesprächen und literarischen Texten, die von seiner Kindheit in Berg und von Menschen aus der Gegend, von Kleinbürgertum und Faschismus handeln, war er stets schonungslos und nannte viele bei ihren wirklichen Namen – das nahmen ihm Betroffene, Verwandte und Nachfahren lange Jahre übel. Noch in den 80er-Jahren tobten im Gemeinderat harte Kämpfe, als es darum ging, eine Straße oder einen Platz nach ihm zu benennen. Inzwischen hat man dort weitgehend seinen Frieden mit dem Oskar gemacht – zum Glück für die Einheimischen, Besucher und literarische Verehrer. Und dann setzt man sich neben dem Denkmal auf die Wiese, und aus der Ferne erklingen Oskars Worte: „So grün hab' ich das Gras noch nie gesehen, noch nie den See so blau (…) Ich denke nicht ans Weitergehen, und schaue nur in dieses Grün und Blau."

TIPP Einen Kilometer entfernt steht in Berg Grafs Geburtshaus, darin das Oskar Maria Graf Stüberl.

Oskar-Maria-Graf-Denkmal, Schulplatz, 82335 Berg-Aufkirchen
ÖPNV: Buslinie 974 und 975, Haltestelle Aufkirchen

Handgemachtes Glück

14 *Clement-Chococult in Bernried*

Ein Besuch von Bernried verspricht immer ein freudvolles Erlebnis, weil das Dorf vor Sehenswürdigkeiten überquillt. Das Kloster, der Park und das Buchheim Museum beispielsweise, um nur drei zu nennen. Doch ein Highlight des Örtchens steigert den Trip gleichsam zum aromatischen Ausflugsereignis: die Schokoladenmanufaktur Chococult Clement im historischen Bahnhof. Schon das denkmalgeschützte Gebäude allein, 2010 aufwendig saniert, ist eine backsteinerne Augenweide mit flachem Walmdach und betonten Hauskanten. Und aufseiten des Bahnsteigs kann man dank der bodentiefen Glasfront einen genüsslichen Blick ins Innere des Allerheiligsten werfen. Dort entstehen aus hochwertigen Zutaten unter erfahrener Chocolatiershand feinste Kreationen – mehrfach international prämiert und fair gehandelt. Dass das Haus um 1865 als Station an der Bahnlinie Tutzing–Penzberg errichtet wurde, kann man bis heute im kleinen Vorraum erkennen. Rechter Hand, wo einst der Ticketschalter war, liest man in bronzener Fraktur auf milchverglasten Sprossenfenstern: „Fahrkarten-, Gepäck-, Expreßgut-Güter". Dann dreht man sich um, durchschreitet die Tür und sieht sich sogleich von den verlockenden süßen Kostbarkeiten umstellt. In Regalen und Vitrinen strahlen sie einen mit zartem Schmelz an. In unterschiedlichsten Formen – als Würfel oder aufgeblähtes Segel, als Kugel oder stumpfe Pyramide – und in unterschiedlichsten Farben – mal Grün, mal Weiß, dann wieder Rot und in abgestuften Kacaotönen. Von ganz schlicht über ausgefallen bestreut bis zärtlich verziert. Natürlich lassen sich die raffinierten Füllungen nur erahnen, dass einem aber schon bei ihrem Anblick das Wasser im Mund zusammenläuft, ist garantiert. Dabei ist im Ladenlokal nur die Überproduktion zu erwerben (alles andere ist für Wiederverkäufer gedacht), das ganze Sortiment gibt's im Onlineshop, in der eigenen Münchner Filiale und überall dort, wo Schokoladen und Pralinen der Marke Clement, die mit dem außergewöhnlichen Geschmack, zum Sortiment zählen.

Clement-Chococult, Bahnhofstraße 25, 82347 Bernried
www.clement-chococult.de

ÖPNV: Buslinie 9614 (Tutzing–Penzberg), Haltestelle Buchenstraße Bernried

Ein Bett im Fass

15 *Campingplatz am Pilsensee*

Der in einer Tonne wohnende antike Philosoph Diogenes von Sinope ist nur wenigen ein Begriff. Doch sobald man von den Worten hört, mit denen er Alexander dem Großen antwortete, als dieser ihn fragte, welchen Wunsch er Diogenes erfüllen könnte, dann wissen die meisten sofort Bescheid: „Geh mir ein wenig aus der Sonne." Und es müsste schon mit dem Teufel zugehen, wenn sich nicht die diogenische Existenzform wunschloser Glückseligkeit, die die Anekdote transportiert, bei jedem einstellt, der ein Wochenende, den Urlaub oder auch nur eine Nacht im kuscheligen Schlaffass auf dem Campingplatz Pilsensee verbringt – egal, ob man nun ein ausgewiesener Campingfreund oder entschiedener Campingmuffel ist. Gleich zwölf Exemplare dieser röhrenhaften Kojen aus unbehandeltem, duftendem Holz, die bis zu vier Personen Raum bieten, stehen hier zum Bewohnen bereit – vier große Kollegen in XXL und acht kleinere Kameraden als Standardmodell. Das runde Dutzend verfügt dabei über so viel Ausstattungskomfort, dass man es ganzjährig – sommers wie winters – bewohnen kann. Und wird es nächtens doch einmal zu frisch, können Bett und Raum auf Knopfdruck wohlig warm beheizt werden. Auch sonst fehlt es dem geneigten Fassschläfer an nichts: Speis und Trank für den täglichen Bedarf gibts im Einkaufsladen und einem Kiosk auf dem Gelände, kulinarisch anspruchsvoller geht es dagegen im Restaurant Seehaus mit Biergarten zu. Doch das Beste am temporären Tonnenleben ist diese einmalige Lage. Nicht nur stehen die Fässer direkt an der Badewiese, von hier hat man auch einen phänomenalen Blick aufs türkisblaue Pilsengewässer vor atemberaubender Alpenkulisse. Man sitzt, schläft, entspannt und urlaubt hier in der ersten Reihe – und in wolkenfreien Nächten unterm funkelnden Sternenmeer. Was wollen Mann und Frau mehr? Natürlich muss man – im Gegensatz zu Diogenes – dafür auch ein paar harte Euronen berappen: Mit 75 Euro (Standard) und 85 Euro (XXL) ist man dabei. Aber die Erinnerung daran hält sicher ein Leben lang.

TIPP Nur fünf Gehminuten entfernt liegt die romantische Anlage Schloss Seefeld mit Kino, Bräustüberl u.v.m.

Campingplatz Pilsensee, Am Pilsensee 2, 82229 Seefeld, Tel. (0 81 52) 72 32
www.camping-pilsensee.de

ÖPNV: Linie 924 und 928 (Walchstadt–Kloster Andechs), beide Haltestelle Schloss Seefeld

Audienz beim Fischerkönig

16 *Dechant Fischladen & Restaurant in Starnberg*

Angler sprechen vom Glück am Haken, Berufsfischer vom Glück im Netz. Fischesser finden ihr Glück nur an der Ladentheke und zu Tisch. Beides ist in Starnbergs Hauptstraße 20 zu haben: im Dechant Fischladen & Restaurant. Eine erste Adresse im Fünfseenland, wenn es um regionale Fischspezialitäten und frischen Seefisch geht. Das Anwesen, seit 1863 im Familienbesitz der Dechants, ist nicht nur eines der ältesten Häuser am Ort, 1538 nachweislich erstmals genannt. Es ist auch ein echter Blickfang: mit der zweiseitigen Freitreppe und dem vom mehrzinkigen Speer getragenen Ausleger davor – von Fischen und Wein geziert. Und dem seitlich gelegenen hübschen Terrassengarten. Zur Linken betritt man den geräumigen Fischladen mit seinem vielfältigen Sortiment – sogar für gestandene Frischfangfreunde ist die dort präsentierte Ware ein wahres Gaumenfreudenfest. Außerdem gehören noch Feinkostsalate und Pasteten, selbstverständlich hausgemacht, nach hauseigenem Rezept über Buchenholz geräucherte Fische (Renken, Aale, Saiblinge, Lachs und mehr) sowie delikate Suppen und Saucen zum üppigen Angebot. Zur Rechten gelangt man dann in das kleine gemütliche Restaurant, das früher einmal das Wohnzimmer der Großeltern war und neben der damaligen Weinhandlung lag. Die holzvertäfelte Wand- und Deckenverkleidung verleiht dem Raum eine geborgene Atmosphäre, die sich einem wie eine wärmende Decke um die Schultern legt. Die feinköstliche Fischwelt und -kunst der Dechants, die seit über zehn Jahren auf der Ostseite des Sees in Aufkirchen einen zweiten Laden betreiben, machte schnell von sich reden und zog etliche Auszeichnungen nach sich. Zudem darf sich der Chef des Hauses, Berufsfischer Peter Dechant, seit 2017 Starnbergs Fischerkönig nennen, ein Titel, den er 2017 beim Prinzregent-Luitpold-Fischerstechen gewann. Seit 1907 findet dieser traditionsreiche Brauch alle fünf Jahre an der Promenade des Starnberger Sees statt. Der Wettbewerb ist eine Gaudi, der Sieger ein Glückspilz.

TIPP Oberhalb von Dechant liegt der Schlossgarten, eine grüne Oase der Stille mit Blick über die Stadt.

Dechant Fischladen & Restaurant, Hauptstraße 20, 82319 Starnberg, Tel. (0 81 51) 1 21 06
www.dechants-fischladen.de

ÖPNV: Buslinie 950, 951, 982, Haltestelle Starnberg Kirchplatz

BOLLINGER
Fisch-
Laden

Das Herz von Weßling

17 *Der kleinste See im Fünfseenland*

Er ist gerade einmal 720 Meter lang, 240 Meter breit und höchstens zwölf Meter tief. Wenn man sich ihm von der Hauptstraße übers Hans-Schottenhamel-Gasserl nähert, das an einen Sohn jener Festwirtsfamilie erinnert, die seit 1867 mit dem Traditionszelt Schottenhamel auf dem Münchner Oktoberfest vertreten ist und der Gemeinde Weßling viele Jahre verbunden war, schmilzt man sogleich dahin. Derart anmutig, charmant und beschaulich wie der Weßlinger See liegt einem selten ein Gewässer zu Füßen. Kaum ist er in Sicht, macht sich aus heiterem Himmel ein wunderbar-kribbeliges Schmetterlinge-im-Bauch-Gefühl im Körper breit. Bereits diese Liebe auf den ersten Blick qualifiziert ihn als Glücksort ganz eigener Provenienz. Doch der kleinste Vertreter des namengebenden Fünfseenlands weiß diesen emotionalen Blitzeinschlag noch zu toppen. Dazu muss man allerdings in die Luft gehen. Denn erst von oben entpuppt sich der Weßlinger See als herzförmiges Idyll – fast unglaublich, aber durchaus wahr. Dieses kleine Naturwunder verdient ordentlich Applaus. Den spendet eine Wasserpumpe inmitten des Sees, die in regelmäßigen Abständen eine Fontäne in den weißblauen Himmel über Weßling schießt, um in einem sprühenden Bogen wieder auf den marinefarbenen See zu klatschen. Tatsächlich ist der vermeintliche „Beifall“ eine lebensnotwendige Maßnahme: Da der Weßlinger See über keine natürlichen Zu- und Abflüsse verfügt, speist sich sein flüssiges Nass einzig und allein aus unterirdischen Quellen, weshalb ihm viel zu schnell die Puste ausgehen würde. Damit aber außer den Badenixen auch Karpfen, Schleie, Hecht und Barsch sowie die Petrijünger des Weßlinger Fischereivereins „Die Stichlinge“ im und am Natursee ihre Seelen erquicken können, wird er seit bald 50 Jahren mithilfe des „Geysirs“, wie man die Wasserpumpe auch liebevoll nennt, künstlich beatmet. Vollends erschließt sich die ganze Schönheit des Weßlinger Sees, wenn man ihn stets in Ufernähe in einer guten halben Stunde umrundet. Schön!

TIPP Direkt am Ufer tischt das Weßlinger Café am See mit leckerem Kuchen und lieblichem Seeblick auf.

Weßlinger See, 82234 Weßling

ÖPNV: S8 (München-Herrsching), Haltestelle Weßling; Buslinien 921, 923, 947 und 955, Haltestelle Weßling

Romantische Lichtung

18 *Wallfahrtskapelle Maria Hilf in Grünsink*

Im Fünfseenland gibt es viele Stätten, die das Prädikat Glücksort verdienen, aber nur einen, den ein romantisches Lied würdigt: die Wallfahrtskapelle Grünsink. „Ich hör ein Glöcklein klingen vom nahen Waldesrand / Dies Glöcklein und sein Klingen, es ist mir wohlbekannt. / Es lauscht den hellen Tönen ein jeder Baum im Wald. / Es lauschen still die Vöglein, weil's gar so lieblich schallt: Das Glöcklein von Grünsink." Wie treffend es diesen malerischen Glücksort beschreibt, der gut anderthalb Kilometer nordwestlich von Weßling an einer Waldlichtung liegt, erkennt man auf den ersten Blick. Ganz sanft schmiegt sich die Kapelle mit der knuffigen Barockhaube an den Waldrand, gleich daneben befindet sich unter Linden ein überdachter Freialtar und ein begrünter Platz, auf dem der zur Wallfahrt gehörende Festmarkt stattfindet. Seit über 200 Jahren machen sich die Pilger auf den Weg zur Grünsinker Kapelle, um mit einem festlichen Gottesdienst Maria um Beistand zu bitten. Der Ursprung dieser Wahlfahrt ist legendär: 1740 soll sich ein Jäger im damals äußerst dichten und finsteren Wald verlaufen haben und in Panik geraten sein. Voller Verzweiflung flehte er die Mutter Gottes um Hilfe an. Dass sie sein Bitten erhörte, dankte er ihr, indem er ein Marienbild mit dem Jesuskind im Arm in der „Grünen Senke" aufstellte. Die Rettungsgeschichte sprach sich herum, zog weitere Kreise und veranlasste immer mehr Menschen, dorthin zu pilgern und Marias Beistand zu erbitten. Bis schließlich eine Kapelle den Ort schmückte – die Weihe war am 10. August 1763 –, in die jenes Marienbild feierlich Eingang fand. Eine Kopie ziert bis heute den Hochaltar. Alljährlich finden an der Kirche die „Grünsinker Feste" statt: Am letzten Sonntag im Juli das Ablassfest, bei dem allen kleinen Sünderlein die Strafen verkürzt oder erlassen werden, und ein weiteres am Sonntag nach Mariä Himmelfahrt. Seine wohltuende Ruhe, selig machende Geborgenheit strömt der Ort aber immer aus – auch an wallfahrtsfreien Tagen.

TIPP

Der Brunnen im gegenüberliegenden Brunnenhaus versorgte die „Grüne Senke" bis 1972 mit Wasser.

Wallfahrtskapelle Maria Hilf, Grünsink 1, 82234 Weßling

ÖPNV: S8 (München-Herrsching), Haltestelle Weßling; Buslinien 921, 923, 947 und 955, Haltestelle Weßling

19 *Torbogen Atelier im Schloss Seefeld*

Aus der Glücksforschung ist bekannt, dass Glück und Glücksgefühle durch ein anregendes und positives Umfeld begünstigt werden. Eine solche Umgebung findet sich im Atelier von Nele Spari im Torbogen. Man erreicht die 1736 mit spätbarocken Elementen verzierte Pforte zum Schloss Seefeld über die äußere Schlossbrücke, die sich seit 1678 mit hohen gemauerten Bögen über den Höllgraben spannt. Sobald man das Reich der Künstlerin über die Schwelle einer massiven Tür betritt, entführt dem Besucher ein leiser, aber vernehmbarer Laut des Staunens. Die Augen beginnen zu leuchten, gehen auf Wanderschaft, laufen durch eine Welt zauberhafter Preziosen, berauschen sich an der überbordenden Fantasie, die ihnen zunächst in zwei Räumen entgegenlacht. Wie jedes Bild eine Geschichte erzählt, so verhält es sich auch mit den ausgestellten Stücken: Schmuck, Messer, Taschen, Wohnaccessoires, Möbel und mehr – ausnahmslos Unikate. Wunderbar anzusehen, harmonisch arrangiert und beeindruckend inszeniert. Doch das ist längst nicht alles, was das Atelier an Schönem und Berührendem birgt. Eine schmale steile Treppe entführt den Betrachter hinab in ein verzweigtes Kellergewölbe, das einer geöffneten Schatztruhe gleicht. In den wilden Welten, wie Nele Spari die von ihr gestalteten Räume nennt, stecken hinter jeder Ecke, in jedem Winkel neben Fundstücken aus der Natur auch alltägliche Dinge, die sie mit ihrer individuellen Handschrift in eine neue Erfahrungsdimension transformiert. Faszinierend auch die Wirkung, die mit bergkristallenem Lupenschliff und unterlegten Materialien unterschiedlichster Natur erreicht wird: die Schärfung des Blicks auch für das Kleine, der das Objekt würdig transzendiert. Wenn Nele Spari über ihre Kreationen spricht, etwa über den Europastab oder den Sorgenumwandler, klingt es in des Lauschers Ohr wie ein unvergessliches Gedicht. Nach dem Besuch dieses abenteuervollen Glücksorts schwebt man bereichert von dannen.

TIPP **Nach dem Torhaus gehts links zum Höllgraben hinunter, ein wildromantischer Weg nach Widdersberg.**

Torbogen Atelier, Schloßhof 1, 82229 Seefeld, Tel. (01 73) 6 60 39 63
www.torbogen-atelier.de
ÖPNV: Buslinie 924 und 928, Haltestelle Seefeld Schloss

Rauschendes Vergnügen

20 *Die Maisinger Schlucht*

Maising, ein Ortsteil von Pöcking, ist ein kleines Dorf westlich vom Starnberger See, das lange Zeit eine Bauernschaft war. Nun hat es in jüngster Zeit durch verstärkten Zuzug etwas Speck angesetzt. Unverändert geblieben ist jedoch der Zugang zur Maisinger Schlucht, den man von der Ortsstraße über den Schluchtweg nach wenigen Metern erreicht. Rechter Hand zweigt ein schmaler Pfad in den Wald hinab, der sich in diesem Abschnitt mit dem König-Ludwig-Fernwanderweg deckt – und von Berg am Starnberger See nach Füssen im Ostallgäu führt. Kaum ist man in seinen kühlenden Schatten eingetaucht, den laubgesättigte Baumkronen reichlich spenden – an besonders heißen Sommertagen eine deutlich fühlbare Wohltat –, gesellt sich von links auch schon der Maisinger Bach hinzu. Südwestlich von Maising entspringt er, aus gleich fünf Quellbächen gespeist, und mäandert durch ein sehenswertes Naturschutzgebiet: ein Vogelparadies mit viel Moor, Sumpf, Schilf und Feuchtwiesen. Über Abertausende von Jahren hat sich der zweitgrößte Zufluss des Starnberger Sees auf einer Länge von zwei Kilometern stoisch und an die 30 Meter tief in Maisings Hügellandschaft gegraben. So ist eine einmalige Schlucht entstanden, durch die einer der beliebtesten Wanderwege im Fünfseenland führt. Zunächst ist der Weg angenehm breit, um sich später zu verschlanken, die ganze Zeit orchestriert vom plätschernden Bach, in dem man sich fröhlichen Wasserspielen hingeben kann. Alle paar Meter kann man auf Ruhebänken tiefenentspannt die Naturschauspielszenen genießen. Beiderseits ragen Hänge steil empor, von kerzengeraden Bäumen bestanden. Entlang des Wegs zeigen sich regelmäßig bröselige Nagelfluhfelsen, die aus verfestigtem Schotter bestehen und um die sich manchmal skurril geformte, unterschiedlich dicke Wurzelarme winden. Mit ein wenig Fantasie kann man darin wilde Wesen erkennen. Dazu gibt es ein mehrstimmiges Vogelkonzert, zu dem einige Schmetterlinge in durchbrechenden Sonnenstrahlen tanzen – und das Herz lacht.

TIPP Ein schöner Rundweg führt westlich vom Dorf um den naturgeschützten Maisinger See, ein Vogelparadies.

Maisinger Schlucht, Schluchtweg, 82343 Pöcking
ÖPNV: Buslinie 982, Haltestelle Schluchtweg, Maising

Startbahn ins Glück

21 *Schiffsanlegesteg in Starnberg*

In der Kreisstadt Starnberg am Nordende des gleichnamigen Sees gibt es einen Glücksort, der durchaus polarisiert. Für die einen ist er ein wenig berauschender Cocktail aus Brettern und Pfählen, andere sehen in ihm eine perfekte Startbahn ins Glück. Wie dem auch sei, eines steht fest: Mit seinen exakt 91,50 Meter Länge – gefühlt sind es deutlich mehr – wirft er sich dem Starnberger See andauernd und hemmungslos an den wässrigen Hals: der rund 150 Jahre alte Schiffsanlegesteg in Starnberg. Mehrmals täglich starten von ihm aus während der Saison (von Ostern bis Mitte Oktober) aussichtsreiche Rund- und Schlossfahrten über den See. Diese Fahrten schwelgen in so viel Geschichte und Geschichten, dass einem auf Deck bei den vielen Begegnungen mit König Ludwig II., Sisi alias Kaiserin Elisabeth, prunkvollen Schlössern und Villen der Kopf geradezu brummt. Den Rest des Jahres hat der Schiffsanlegesteg frei, dann lässt er sich die Sonne auf seinen hölzernen Plankenbauch scheinen, trotzt Wind und Wetter und genießt die einmalige Fernsicht über sein Kingsize-Wasserbett hinweg. Wenn das Alpengebirge am südlichen Firmament seinen lustwandelnden Blick wie eine Kulisse begrenzt und sich Land und See zur Bühne wandeln, wird er zum großen Star. Umso mehr bereitet es ein ungeheures Vergnügen, den Fuß auf den Steg zu setzen, um bis an sein jähes Ende zu schreiten. Und Meister Landungssteg, nur außerhalb der Öffnungszeiten allein mit seiner Bretterflur, genießt – so will es wenigstens scheinen – selbst in turbulenten Tagen noch die Gesellschaft eines jeden Flaneurs. Also geht man Schritt für Schritt und verspürt eine zunehmende Leichtigkeit des Seins. Legt man jetzt noch den Kopf ein wenig in den Nacken, während Wolkenknäuel mit dem Wind vorüberziehen, beschleicht einen ein Gefühl wie beim Abheben eines Fliegers. Dann fangen die Dopamine – auch Glückshormone genannt – wild im Körper zu tanzen an, sodass man ein kribbelndes Durcheinander spürt. Das Beste daran: Man kann es wiederholen!

TIPP Unweit des Anlegers lädt die Seepromenade zu einem kleinen Bummel mit Einkehrmöglichkeiten ein.

Schiffsanlegesteg in Starnberg, 82335 Starnberg
ÖPNV: Buslinien 901, 902, 903, 975, 982, Haltestelle Bahnhof Starnberg

Harmonie der Stille

22 *Schlossgarten in Starnberg*

Wer ab und zu den unbändigen Wunsch verspürt, sich einfach fallen zu lassen, die bedrängenden Zwänge des Alltags für einen flüchtigen Augenblick loszulassen. Mit geschlossenen Augen und vollstem Vertrauen. Um am Ende so angenehm und entspannt aufgefangen zu werden, dass sich der Körper bis in seine letzte Faser vollends entspannt und die Seele vor Leichtigkeit steigt. Der muss unbedingt die kleine, täglich von 8 bis 18 Uhr geöffnete Parkanlage in den Mauern des historischen Schlossgartens in Starnberg besuchen, die hoch oben über der Stadt liegt, zwischen der Kirche Sankt Josef und dem Schloss aus dem 16. Jahrhundert, einem Vierflügelbau mit Steilgiebeln. Das so offene wie einladende architektonische Schmuckkästchen, das nicht einmal alle Einheimischen kennen, darf man mit Fug und Recht als einen der schönsten und als einen der verschwiegensten Orte Starnbergs bezeichnen. Das in den 70er-Jahren im Stil eines Renaissancegartens neu angelegte Areal lässt den Besucher in eine paradiesische Welt eintauchen, die sich wie ein wärmendes Tuch sanft um seine Schultern drapiert. Hier herrscht vollkommene Harmonie aus symmetrisch arrangierten Beeten, kunstvoll beschnittenen Buchsbaumhecken, üppigen Stauden, weit ausladenden Apfelbaumkronen, Laubengängen mit duftenden Rosen. Und mittendrin ein Rundbrunnen, dessen plätschernde Wassermusik dieses einmalige Refugium der Stille passend untermalt. Doch damit nicht genug: Von einem kleinen Turm aus hat man zudem einen einzigartigen Blick über die Dächerlandschaft Starnbergs hinweg auf den gleichnamigen See mit dem sich am Horizont ausbreitenden Alpenpanorama. Ein einmaliger Anblick, der zu jeder Jahreszeit das Herz höherschlagen lässt, vor allem aber in den frühen Abendstunden zur romantischen Hochform aufläuft, wenn sich die Sonne langsam auf ihren Weg zum Nachtlager begibt. Dass Liebes- und Lebenspaare diese Kulisse für Trauungen und Taufen nur zu gerne nutzen, verwundert nicht. Der Schlossgarten in Starnberg ist wahrlich ein Gedicht.

TIPP Drei Wege führen in den Garten, am schönsten ist mit seinen über 100 Stufen der Ignaz-Günther-Steig.

Parkanlage Schlossgarten, Schlossbergstraße 5, 82319 Starnberg
ÖPNV: S6 (München–Tutzing), Haltestelle Starnberg

Magisches Fenster

23 *Das Natelier in Weßling*

In Weßling, wo die Verbindung zwischen Seefeld und Gilching den Namen Hauptstraße trägt, steht ein altehrwürdiges Haus mit hervorspringendem Balkon. Besonders besticht es aber durch sein Schaufenster, das den Betrachter mit wechselnden Stimmungsbildern beglückt. Mal verwandelt es sich in einen Weihnachtskalender, der erst am 24. Tag ein vollständiges Bild offenbart, dann wieder zeigt es eine stoffliche Installation, die sich entfaltet wie aufblühende Krokusse im Frühling. Und in den Anfangstagen mutierte es zum Pool mit einer Schwimmerin darin – in der Dämmerung von blaulichternen Wasserblasen umblubbert. Lustigste Reaktionen rief das hervor und machten die diplomierte Modelistin Barbara Stephan und ihre kreative Partnerin Luci Illustrella schlagartig bekannt – und Weßling um das Natelier reicher. An der Hausecke zum Eingang in den Wohn- und Arbeitstrakt symbolisiert eine stilisierte Schneiderbüste, was den Besucher drinnen erfreut: Anfertigungen, Änderungen und Schnitte. Ganz nach Wunsch und in allen Formen und Farben. Derzeit entwirft die Fachfrau ihre eigene kleine Kollektion und hofft, sie im Sommer 2021 dem geneigten Publikum präsentieren zu können. Auch Nähkurse bietet sie an, seit 2019 im Gilchinger Biostoffladen Ndodo. Wie sehr Barbara Stephan liebt, was sie tut, kann man an ihren strahlenden Augen ablesen, sobald sie über ihre Profession spricht. Schon als Kind – Mutter und Oma waren beide Schneiderinnen, Letztere mit Atelier – ließ sie ihrer Kreativität freien Lauf und tobte sich an der Materie aus: Stoffe, Nadel, Schere, Faden – alles war vorhanden, selbst eine Kindernähmaschine stand parat. So ward das Hobby zum Beruf. Nach Abitur und Praktika gings auf die Münchner Esmod, zu jener Zeit eine Institution, die ein Kapitel deutscher Modegeschichte schrieb. Frisch diplomiert arbeitete sie bei renommierten Modefirmen, dann folgte der Sprung ins Natelier. Auf der Website, bei Instagram und Facebook kann man ihrem einfallsreichen Treiben folgen, auch der neuesten Fensterdekoration.

TIPP Gegenüber gibts das Amselcafé mit ganz eigenem Charme, italienischem Kaffee und leckerem Kuchen.

Natelier, Hauptstraße 20, 82234 Weßling, Tel. (0 81 53) 92 12 99
www.natelier.de

ÖPNV: S8 (München-Herrsching), Haltestelle Weßling; Buslinien 921, 923, 947 und 955, Haltestelle Weßling

Himmel auf Erden

24 *Marienmünster in Dießen*

Wie man es auch immer mit der Religion hält, die erhabene Schönheit des Marienmünsters in Dießen zieht jeden Betrachter in den Bann, gleich welcher weltanschaulichen Ecke er entstammt – garantiert. Schon beim Anblick der nach Westen zeigenden 34 Meter hohen strahlend hellen Fassade ist Showtime angesagt. Und wer seine Augen in langsamen Bewegungen darüber hinweggleiten lässt, dem offenbaren sich verblüffendste Details. Wie das hoch oben auf dem geschwungenen Giebel thronende vergoldete Dreieck, welches das strahlende Auge Gottes rahmt, in dem sich morgens das Sonnenlicht bricht. Dann das in Rotmarmor gefasste Portal, reich mit Ornamenten geschmückt, mit der den Eintritt ebnenden hellen Büste Marias („Mutter der schönen Liebe“) samt ihres gülden besternten Strahlenkranzes. Nicht zu vergessen der himmelwärts strebende Stiftskirchenturm, der Dießen weithin sichtbar überragt. Wenn sich seine acht Glocken, ursprünglich waren es vier, eine nach der anderen zum Zwölfuhrläuten aufschwingen, vernimmt man einen Klang, den man – selbst Noise-Cancelling-Kopfhörer versagen beim Vollgeläut ihren Dienst – nie mehr vergisst. Doch das ganze wunderbare Äußere wird um ein Vielfaches getoppt vom Inneren dieser Kirche. Sobald man das Eingangsportal durchschritten hat, stockt einem – wetten, dass … – der Atem, mehr noch: Man wähnt sich in einer vollkommen anderen Dimension, fühlt sich buchstäblich überwältigt, in einen Rausch versetzt, neudeutsch „geflasht“. Alles wirkt so hoch, so weit, so licht und fulminant. Das Schöne, Gute und Wahre – hier hat es seinen künstlerischen Ausdruck meisterlich gefunden. Jeder noch so ernsthafte Versuch, seine Wahrnehmungen in Worte zu fassen, muss zwangsläufig scheitern. Was man hier spürt, empfindet, fühlt ist pure Emotion. Eine einzige Glücksexplosion. Wen wundert's, gilt das Marienmünster doch als eine der großartigsten Barockkirchen Deutschlands. Einfach himmlisch!

TIPP Die Sitzbänke auf der Grünanlage vor der Kirche laden zum Verweilen und Genießen der Fassade ein.

Marienmünster, Klosterhof 10A, 86911 Dießen am Ammersee
ÖPNV: Buslinie 93, Haltestelle Klosterhof

SANCTO RVM BEATO
26
27

Oase der Stille

25 *Weiher Neusee bei Bernried*

Die bestechende Schönheit des Fünfseenlands ist landauf, landab hinlänglich bekannt – und noch weit darüber hinaus. Entsprechend geht es an den namengebenden Seen auch immer recht wuselig zu. Insbesondere an den Uferzonen der Gewässer tummeln sich im Sommer Scharen von Seeteufeln und Badenixen bei ausgelassenen Wasserspielen. Doch nicht nur zu den wohlverdienten Urlaubszeiten, wenn die Republik erholungsbedürftig – mitunter auch erholungssüchtig, wie man gelegentlich hört – in die navigesteuerten Familienkutschen steigt, um die daunengefederten Gästebetten zwischen der Weltstadt mit Herz und dem Allgäu zu erobern, ist hierzulande wilde Touri-Action angesagt. Auf der bayerischen Fünfseenplatte ist ganzjährig Saison. Insbesondere die benachbarten Großstädter zieht es an die erfrischend-plätschernden Gestade mit ihren einladenden Bade-, Boot- und Barstränden. Nicht ohne Grund heißt es – recht anzüglich – der Starnberger See sei die Badewanne der Münchner. Wer angesichts dieses skizzierten Freizeittheaters den Gedanken hegt: „Tourist sein war auch schon mal leichter!“ und am liebsten die Weite der Natur sucht, dem sei versichert: Abhilfe ist nah! Denn auch für solcherlei Wünsche hält die Region sehr überzeugende Angebote bereit. Buchstäblich eine Oase der absoluten Ruhe, in der sich die Seele stundenlang genüsslich in der Hängematte aalen kann, ist der zum Gut Adelsried gehörende Neusee. Ein von Wald, Wiesen und Schilf umgebener Weiher oberhalb von Bernried. Dort ist es so still, als hätte die Welt den Stecker gezogen. Weit und breit steht kein Haus, und auch die nächste Straße ist ein ordentliches Stück entfernt. Allenfalls liefern einheimische Vögel ab und an trillernde Tonproben ab – noch mehr Balsam für die Seele! Am angenehmsten nähert man sich ihm vom Ortsteil Hapberg aus, vorbei am Westernreitstall Bernried (Hapberger Weg 2). Ab hier lässt man sich auf dem Feldweg gedankenversunken treiben. Mit jedem Schritt kann man etwas mehr Ballast abwerfen.

TIPP Unbedingt feste Schuhe tragen, Flüssigkeit und einen kleinen Snack einpacken: Dort ist kein Lokal.

- **Neusee, kurz vor Unterholz, südlich der Weilheimer Straße, 82347 Bernried**
- **ÖPNV: Bus 9614 (Tutzing-Penzberg), Haltestelle Abzweig Bahnhof Bernried**

Schmankerl am Bach

26 *Manthaler im Manthal in Berg*

Zwischen den Ortsteilen Kempfenhausen und Harkirchen in der Gemeinde Berg gibt es ein verwunschenes Plätzchen, an dem die Zeit stehen geblieben zu sein scheint. Es befindet sich am Ende der Manthalstraße, gut einen Kilometer von der Münchner Straße entfernt, die am nördlichen Ostufer des Starnberger Sees entlangführt. In einer sanft geschwungenen Kurve, unmittelbar bevor sie den bisweilen reißenden Lüßbach quert – der bis zur Jahrhundertwende vier Mühlen und ihren Wasserrädern Antriebskraft verlieh –, hat es sich heimelig eingerichtet. Eine wildromantische Gegend mit Wäldern, Wiesen und Feuchtgebieten. Natürlich hat dieser Glücksort auch einen Namen: Manthal, wie sollte es anders sein. Eine Wirtschaft mit hübschem Biergarten, die seit November 2012 Reto und Susi Götte gehört. Das Haus ist rund 200 Jahre alt, vormals als Waldgaststätte Manthal bekannt. Die neuen Eigentümer haben es erst einmal kernsaniert. Die renovierte Gaststube präsentiert sich in leuchtendem Gelb, das, in Schwammtechnik aufgetragen, auf die bewegte Geschichte des Hauses verweist. Das spiegelt sich auch in der Gestaltung des Innenraums wider: ein bunter Mix aus Alt und Neu. Neben ausgemusterten Kirchenbänken, einem historischen Feuerofen und Oldtimermotorrad stehen neuerdings wirtshaustypische Sitzgarnituren. Nicht zu vergessen die karminrote Aufschnittmaschine mit dem griffigen Handrad. Darauf schneidet der Wirt den leckeren Schinken, den er eigenhändig geräuchert hat. In der Küche, die den Teller bodenständig, regional und schweizerisch bespielt, schwenkt Eidgenosse Reto Götte den Löffel, den freundlich-zugewandten Service hat seine Frau, die Chefin, souverän im Griff. Mit den verarbeiteten Produkten ist man hier auf Du und Du: Kalb- und Rindfleisch stammen vom Bauern aus dem Nachbardorf, das Wild vom Jäger aus dem nahen Wald. Der Biergarten ist ebenso ein Gedicht – schön, sonnig und ruhig. Und wenn's schneit, breitet sich vorm Manthaler eine glitzernde Winterzauberlandschaft aus.

TIPP Im unmittelbaren Umfeld der Wirtschaft Manthaler kann man sich lustwandelnd die Zeit vertreiben.

Manthaler, Manthalstraße 1, 82335 Berg, Tel. (0 81 51) 5 56 63 91
www.manthaler.de

ÖPNV: Buslinie 904, 961 und 975, Haltestelle Milchberg, Kempfenhausen

MANTHALER

Beschirmende Pracht

27 *Lindenallee in Bernried*

Dort, wo es sich der malerische Kur- und Erholungsort Bernried am Westufer des Starnberger Sees im Laufe vieler Jahre in einer hügeligen Moränenlandschaft gemütlich gemacht hat, begrüßt den geneigten Flaneur ein besonders sinnlicher Glücksort. Gleich gegenüber des in vierter Generation von der Familie Lütjohann (ehemals Sailer) geführten Hotels Seeblick, das die Tutzinger Straße in einer 90-Grad-Biegung schwungvoll umkurvt, verströmt er seinen einnehmenden Charme mit jedem einzelnen von annähernd 160 Metern: die Lindenallee. Wie eine natürliche Brücke verbindet sie das Hofgut, den ehemaligen Meierhof vom Augustinerchorherrenstift, mit dem Kloster der Missions-Benediktinerinnen von Tutzing. Das von ihnen hier seit 1972 betriebene Bildungshaus St. Martin Bernried zählt zu den ältesten kirchlichen Bildungseinrichtungen in Deutschland. Gleich nach dem Parkplatz biegt man links in die Uferpromenade, die schnurstracks zum Starnberger See führt, der – nach Bodensee, Müritz, Chiemsee und Schweriner See – fünftgrößte und zweitwasserreichste See Deutschlands. Schon nach wenigen Metern liegt rechter Hand die Allee allen Spaziergängern – vom heiteren Lustwandler über den teilzeitesoterischen Waldbader bis zum Otto Normalfußgänger – zu Füßen. Beiderseits von Wiesen und Weiden flankiert, erheben sich ihre dicht belaubten Bäume in gleichen Abständen und gleichem Alter deutlich über 20 Meter prachtvoll in den weißblauen Bayernhimmel. Dabei geizen sie nicht mit ihren Reizen – an heißen Sommertagen spenden sie erfrischenden Schatten, bei Regen ein beschirmendes Dach und während ihrer natürlichen Blütezeiten betören sie mit aromatischen Düften. Um 1865 hatte man die Allee nur mit Walnussbäumen gepflanzt, die den strengen Winter 1922/23 jedoch nicht überlebten. Dann schlug die Stunde der Linden. Das ist gut hundert Jahre her. Wer ihnen – Ohr an der Rinde – inniglich lauscht, erfährt unglaubliche Geschichten. Auch schwärmen Liebespaare davon – und Honigbienen. Welch ein Glück!

- **Lindenallee, Tutzinger Straße auf Höhe Hausnr. 12D, 82347 Bernried**
- **ÖPNV: Bus 9614 (Tutzing-Penzberg), Haltestelle Abzweig Bahnhof Bernried**

Märchenhafte Villa

28 *Kurparkschlösschen in Herrsching*

Glücksorte gibt es im Fünfseenland – ohne Übertreibung – wie Sand am Meer. Was für die Region eine glückliche Fügung darstellt, stellt den Einzelnen vor die Qual der Wahl. Müsste man sich indes entscheiden, das Kurparkschlösschen in Herrsching wäre garantiert in der engeren Wahl. Womöglich würde es sogar die Poleposition einnehmen, insbesondere dann, wenn man sich für das Schöne und die Baukunst begeistert. Tatsächlich kommt das Kurparkschlösschen wie eine märchenhafte Erscheinung daher, sodass jeder sogleich um die Herkunft der viel bemühten Immobilienmaklerfloskel „Wohnen wie im Paradies" weiß. Denn kaum steht der Betrachter dem Landhaus gegenüber – Ende des 19. Jahrhunderts vom (weitgehend vergessenen) Kunstmaler Ludwig Scheuermann in Auftrag gegeben und im Stil italienischer Adelspaläste errichtet –, ist er wie man heute sagt geflasht. Als Nächstes bekommt man weiche Knie – und wie! Inmitten eines traumhaften Parks, der früher ein riesiger Obst- und Gemüsegarten mit Gewächs- und Bootshaus war, hält die pittoreske Villa direkt an den Ufern des Ammersees in der Herrschinger Bucht buchstäblich Hof. Dort präsentiert sich der auffällige und ausdrucksvolle Fachwerkbau von seiner zuckersüßen XXL-Seite mit verspielten Türmchen und einem großen Turm mit Fensterumlauf und Bullaugen, mit Erkern, überdachten Balkonen, Gauben, Freitreppe und Loggia – wie aus dem Bilderbuch – unglaublich schön! Wie trefflich, dass vis-à-vis vom Eingangsbereich eine Reihe von Parkbänken zum Verweilen und Genießen einlädt. Von dort kann man seine Augen millimeterweise über die Villenfassade gleiten lassen, um jedes noch so entzückende bauliche Detail und natürlich auch das große Ganze in aller Ruhe in sich aufzunehmen – hoch und runter, kreuz und quer. Das Kurparkschlösschen hat es übrigens zum Wahrzeichen und meistfotografierten Motiv der Gemeinde Herrsching gebracht. Und noch was: Wer sich traut, seinem Partner das Jawort zu geben: Im Kurparkschlösschen gibt es auch ein romantisches Trauzimmer.

TIPP Rathaus-Auskünfte für auswärtige Brautpaare unter Tel. (0 81 52) 3 74-55 (Frau Sterl) bzw. -56 (Frau Igl)!

Kurparkschlösschen Herrsching, Scheuermannstraße, 82211 Herrsching am Ammersee
www.kurparkschloesschen.org
ÖPNV: Linie 921 (Herrsching–Weßling), Haltestelle Herrsching

Bestes Gipfel-Feeling

29 *Ilkahöhe bei Tutzing*

Es gibt Orte, die sollte man bei schönem Wetter mit klarer Luft, Wohlfühltemperaturen und Sonnenschein scheuen, und dennoch schlagen sie einen unabwendbar in ihren Bann. Ihre Anziehungskraft ist oftmals so gewaltig, dass man sie wider besseres Wissen nicht meiden will und kann. Wie von unsichtbarer Hand geführt und motiviert, begibt man sich dann auf den Weg zu ihnen und ist, einmal am Ziel angekommen, wieder aufs Neue fasziniert. Die Ilkahöhe, zwischen Starnberger See und Ammersee oberhalb von Tutzing gelegen, ist ein solch magischer und auch berühmter Ort. Weshalb ihn fröhliche Wanderer auch beständig und immerfort anpeilen. Was diesen Hotspot dennoch zum Glücksort von höchster Güteklasse qualifiziert, ist seine einzigartige Aussicht, von der man sich kaum mehr lösen kann. Hier wäre jeder Superlativ zur trefflichen Beschreibung angebracht, zumal die Ilkahöhe als einer der schönsten Panoramaplätze in ganz Oberbayern gilt. Und das ist – Hand aufs Herz – kein Tourismus-Marketing-Sprech! Auf dem 728 Meter überm Meeresspiegel liegenden Höhenrücken hat man nicht nur fast alle alpinen Massive von den Chiemgauer Alpen bis zum Wetterstein vor seinen staunenden Augen. Man wird auch noch mit einem grandiosen Blick über den Starnberger See beschenkt. Wie ein königsblau leuchtender Swimmingpool von dichtem Baumbestand umfasst, liegt der fünftgrößte See Deutschlands dem glücklichen Betrachter zu Füßen. Wenn dann noch aufkommende Winde übers riesige Wasserbecken brausen, mutet seine Oberfläche wie eine mit lauter weißen Segeltupfen besprenkelte Leinwand an. Potzblitz, welch wundervolles Schauspiel wird einem da frei Haus geliefert! Nirgendwo sonst in der ganzen Fünfseenlandgegend hat und genießt man eine vergleichbare Sicht. Zum Glück ist die Ilkahöhe mit einigen Sitzbänken auf saftigem Wiesengrund gespickt, von denen aus man dieses unglaublich schöne Breitwandnaturkino in sich aufnehmen und mitnehmen kann. Die anderen Wandersleut' geraten dabei blitzschnell in Vergessenheit.

TIPP Etwas unterhalb der Ilkahöhe liegt das Forsthaus Ilkahöhe mit Restaurant, Terrasse und Biergarten.

Ilkahöhe, oberhalb vom Forsthaus Ilkahöhe, Oberzeismering 2, 82327 Tutzing
ÖPNV: S6 (München–Tutzing), Haltestelle Bahnhof Tutzing

La Dolce Vita

30 *Il Kiosko in Steinebach am Wörthsee*

Was nutzen der schönste Waldspaziergang, der sonnenverwöhnteste Tag am See oder der angenehmste Seelenbaumel, wenn der Magen in immer kürzeren Intervallen knurrt und der Mund zur subtropischen Trockenzone wird? Nichts, denn die Unterversorgung lässt kein süßes Leben zu (italienisch: la dolce vita). Hier tut Abhilfe not. Und die gibt es in Steinebach am Wörthsee unweit des Birkenwegs, an der Seepromenade 19 im „Il Kiosko" von Franca und Generoso Aurigemma. Seit über 30 Jahren sind die beiden hier als Gastronomen tätig. Zunächst betrieben sie innerorts eine Eisdiele, die sie erst in eine Pizzeria, dann in ein klassisches Ristorante verwandelten. Vor gut zehn Jahren ergab sich schließlich die Gelegenheit, einen in die Jahre gekommenen und durch einen Neubau ersetzten Kiosk direkt am Wasser zu übernehmen. Sie nutzten die Chance und erhielten den Zuschlag. Seither beglücken sie ihre Gäste direkt am Badeplatz mit kulinarischen Spezialitäten der italienischen Küche – von Pizza und Filetburger über Fisch-Grillteller bis zu selbst gebackenem Kuchen – und sorgen somit für wunderbare mediterrane Lebensfreude. Und wenn man dann auch noch von seinem Terrassenplatz aus den malerischen Sonnenuntergang verfolgt, der den beschaulichen Wörthsee in ein rot-oranges Strahlen- und Lichtermeer taucht, ist die Romantik perfekt. Und dieses einzigartige Erleben ist nicht einmal auf milde Sommerabende beschränkt. Sobald sich die Temperaturen im Sinkflug befinden, sorgen einige Feuerschalen für knisternde Stimmung und warme Wolldecken für kuscheliges Geborgensein. Das alles gibt es, ebenso wie die dann verteilten Liegestühle, kostenlos – ein weiterer Special Service des Il Kiosko. Doch damit nicht genug: Ab und zu spielen vor dieser zauberhaften Kulisse auch noch Musikbands mit ihren Sänger*innen auf. Und wenn dann „When the moon hits your eye like a big pizza pie. That's amore" erklingt, ist es so, als würde Dean Martin einem die Hand streicheln!

TIPP Wer nur die Stimmung genießen will: Am Ufer laden Natursteine zum Ausruhen und Fußbaden ein.

Il Kiosko, Seepromenade 19, 82237 Wörthsee, Tel. (0 81 53) 9 01 50 33
https://www.facebook.com/generoso.aurigemma
ÖPNV: Bus 928, Haltestelle Birkenweg

Wo Karotten Äpfel küssen

31 *Wochenmarkt in Seefeld am Pilsensee*

Zum Glücklichsein braucht es nicht viel, manchmal reichen dafür schon ein wenig Obst und Gemüse. Und das ist auf dem Seefelder Wochenmarkt immer donnerstags ab acht Uhr kiloweise zu haben. Gegenüber vom Alten Rathaus schlagen dann mehr als ein Dutzend Anbieter ihre Verkaufsstände wie üppige Zelte mit orange-grün- und gelb-weiß-gestreiften sowie unifarbenen Vordächern für vier Stunden auf. Mit von der Lebensmittelpartie ist ein Fisch-Feinkost-Verkäufer, einer mit Fleisch- und Wurstwaren, zwei Gemüsehändler – natürlich Bio –, eine Landbäckerei und türkische Delikatessen. Auch eine Käserei gibt es, ihre Theke quillt vor Schmankerln über, darunter Frisch-, Weich- und Hartkäse von Milch, Schaf sowie Kuh, Landbutter gehört ebenfalls dazu. Selbst ein Bauernstandl mit Spezialitäten aus Tirol und Italien ist vor Ort sowie eine Bayerische Grillerei mit am Spieß brutzelnden Hähnchen und saftigen Haxen. Nicht zu vergessen die Andechserin Gisela Hafemeyer, ihres Zeichens Kräuterpädagogin (www.kraeuterstadl.de), die einmal im Monat (je nach Wetterlage) unterm Sonnen- bzw. Regenschirm ihre selbstgemachten Gelees, Marmeladen, Kräutersalze, Essige, Sirupe, Chutneys und vieles mehr anbietet. Alle feilgebotenen Delikatessen stammen vom eigenen Land – aus Garten, Wiese, Hecke und Wald. Jedenfalls bekommt man hier alles, was der Mensch für seine gesunde und ausgewogene Ernährung braucht – stets frisch, aus der Region und wunderbar farbenfroh anzuschauen. Das war am Ort längst nicht immer der Fall. Viele Jahre mussten die Seefelder auf ein solch vielfältiges Angebot verzichten. Dass es den Wochenmarkt dennoch gibt, ist der Eigeninitiative engagierter Bürger zu verdanken. Im dritten Anlauf haben sie es geschafft, am 17. September 2008 fiel der Startschuss für den heutigen Markt. Beim Debüt waren es sechs Stände, inzwischen sind es mehr als doppelt so viele. Heute ist er nicht mehr wegzudenken. Der Seefelder Markt hat sich zu einer kleinen, aber richtig feinen Institution gemausert.

Seefelder Wochenmarkt, Hauptstraße, 82229 Seefeld

ÖPNV: Buslinie 924, Haltestelle Hubertusstraße oder Krankenhaus

MOTOCADDY™

Magisches Wasser

32 *Drei-Bethen-Quelle bei Leutstetten*

Das Würmtal steckt voller Wunder, besonders gebündelt nördlich des Starnberger Sees zwischen Königswiesen und Leutstetten. Dort konzentrieren sich magische Orte, voll spürbarer Kraft und Energie. Eine für Esoteriker heilige Stätte, für andere einfach ein Wohlfühlort, ist die Drei-Bethen-Quelle westlich Leutstettens. Unweit vom denkmalgeschützten „Haus zum Kapeller" – der 1736 am Waldrand errichtete und 1850 um einen Seitenflügel erweiterte Rundbau war einst Sitz eines Eremiten, später des königlichen Oberjägers – sprudelt aus einem dunklen Rohr frisches Quellwasser hervor. Der Kraftort ist nicht zu übersehen, da mit bunten Bändern geschmückt, ringsum an Zweige und Äste geknüpft. Ein uralter Brauch ist damit verbunden: Wer an einem Kultort etwas Persönliches hinterlässt, verknüpft dadurch seinen Wunsch auf oder Dank für Heilung mit diesem Platz und seiner Energie. Bemalte Steine liegen vereinzelt herum, eine kleine Madonna mit Kind steht auf einer Säule, ein gebundener Blumenstrauß liegt im Laub. Der Ort entwickelt sich ständig weiter, immer kommt etwas Neues hinzu. Täglich trifft man dort Menschen an, manche haben kleine Wägelchen und Paketkarren mit leeren Kanistern und Flaschen dabei, die sie mit Quellwasser füllen und nach Hause transportieren, weil sie sich heilende Wirkung davon versprechen. Der Legende nach wird die Heilquelle von drei Bethen im Mühltal, wie dieser Abschnitt des Würmtals heißt, behütet und bewacht. Der Mythos geht wohl auf Frauen mit „medizinischer" Weisheit zurück, die hier vor vielen Hundert Jahren wirkten. In kritischen Lebenssituationen wie bei Krankheit oder vor der Niederkunft suchte man sie auf. Daraus entstand mit der Zeit ein Kult, der die Frauen wie Heilige verehrte. In einer rund 400 Jahre alten Holztafel in Leutstettens Dorfkirche St. Alto, die drei heilkundige Frauen zeigt, erkennen manche einen Hinweis auf die drei Bethen. Die Stadtwerke Starnberg raten vom Quellwasser ab, doch ein kleines Schlückchen kann wohl niemand verwehren – wer weiß!

TIPP Oberhalb der Quelle am Schönberg gibt es ein ganzes Hügelgräberfeld, das an einer Römerstraße lag.

Drei Bethen Quelle bei Leutstetten, Mühlthal 121, 82319 Starnberg

ÖPNV: Buslinie 949, Haltestelle Mühltal, Starnberg

Des Lebens Würze

33 *Gewürze der Welt in Hechendorf*

Mitunter liegt das Glück so nah. Man muss es nur finden. Etwa in der Hechendorfer Bahnhofstraße am Pilsensee, unmittelbar nach dem Bahnübergang – linker Hand. Hinter den großen Werkstoren mit schmalem Fensterband heißt den Besucher während des Lagerverkaufs (Dienstag bis Freitag: 9–11 Uhr, Donnerstag: 15–17 Uhr) die ganze Welt der Gewürze willkommen – genauer: die „Gewürze der Welt – Baobab Gewürzhandelsgesellschaft", ein Bio- und Fairtrade-zertifiziertes Unternehmen. Beim Eintritt in den hallenhohen Raum umwehen die Nase zwar keine aromatischen Düfte, auch fordert keine Farbattraktion die Augen heraus – wie man es von exotischen Märkten her kennt. Vielmehr sieht man sich Dutzenden von Regalen gegenüber, knallvoll mit etikettierten Dosen. Was darin trocken und luftdicht schlummert, lässt die Herzen leidenschaftlicher Köche aller Sterne und kulinarischer Genießer höherschlagen: rund 400 qualitativ hochwertige Gewürze, die große Mehrzahl davon in drei bis fünf Varianten. Hinzu kommen noch eigene Mischungen, die sie vor Ort in kleinen Chargen bis zu zehn Kilogramm selbst rösten, mahlen und vermengen. Allein 50 verschiedene Pfeffersorten gehören zum Sortiment, einige mit nie gehörten Namen wie Andaliman, Kerala, Tellicherry, Kampot und Kubeben. Die rufen nach Beratung, die man hier freundlich und kompetent anbietet, am Telefon und persönlich. Dafür nehmen sich Inhaberin Andrea Rolshausen und ihr Team viel Zeit, keine Frage bleibt unbeantwortet. Während eines Urlaubs 2005 auf der Gewürzinsel Madagaskar, inmitten von Unmengen Vanilleschoten, Muskatnüssen, Ingwer, Nelken und mehr, fing Rolshausens Geschmacksabenteuer an, das nun den Onlineshop (www.gewuerze-der-welt.net), ein Ladenlokal im Münchner Ruffini-Haus und den Standort Hechendorf umfasst. Von ihren Produkten ist die Inhaberin, selbst passionierte Köchin, hundertprozentig überzeugt. Was dort im Regal steht, ist in ihrer Küche im täglichen Gebrauch. Der Geschmack, die Aromen – Synonyme für Freude, Genuss und Glück.

TIPP Eine Schnupperprobe von Dukkah, ein orientalischer Dip mit gerösteten Nüssen und exotischen Gewürzen.

Gewürze der Welt, Lagerverkauf, Bahnhofstr. 8, 82229 Seefeld-Hechendorf, Tel. (81 52) 9 83 69 70 (Bestellung und Beratung), www.gewuerze-der-welt.net

ÖPNV: S8; Buslinie 820, 924 und 928, Haltestelle Bahnhof Hechendorf

Venezianisches Flair

34 *Gondelfahrt auf dem Wörthsee*

Für manche Menschen liegt das Glück dieser Erde auf dem Rücken der Pferde, für andere im schlanken Boot eines Gondoliere. Seit Jahrhunderten durchziehen die bis zu elf Meter langen und anderthalb Meter breiten Gefährte mit ihren gebogenen Enden die Kanäle der venezianischen Lagune. Wer nun den innigen Wunsch verspürt, sich in einer dieser sanft schaukelnden Gondeln rudern zu lassen, muss dafür schon lange nicht mehr nach Venedig reisen. Dieses Herzensanliegen kann man sich auch ganzjährig auf dem Wörthsee im Landkreis Starnberg erfüllen – soweit es die Wetterlage erlaubt. Der Gondoliere ist dabei nur einen Anruf entfernt. Zum vereinbarten Termin startet die romantische Rundfahrt mit bis zu sieben Fahrgästen bei einem der Treffpunkte am nordöstlichen Wörthseeufer: beim Seehaus Raabe, beim Augustiner am Wörthsee oder beim Il Kiosko. Dann rudern der mehrfache Europa- und Weltmeister der Soling-Kielbootklasse und begeisterte Regattasegler Maximilian Koch oder dessen Sohn, Junggondoliere Maximilian Maria, die Fahrgäste in venezianischer Manier über den im Sonnenlicht glitzernden See. Oder sie navigieren die Gondelfreunde in einer romantischen Nacht sicher übers drittgrößte Gewässer im Fünfseenland. Auch als wunderschöne Hochzeitsgondel ist das Boot zu buchen, dann wird es mit Blumen verziert – und mittschiffs mitunter von einer kuscheligen Felze überdacht. Nur eines muss der Fahrgast beachten, damit sich nicht der Hauch eines Schattens übers Gondelglück legt: Gondoliere singen nicht – weder am Wörthsee noch in Venedig. Und schon gar nicht das Lied „O Sole Mio", denn das ist neapolitanisch, wie Gondoliere Maximilian Koch betont. Der rudernde Troubadour ist eine Mär des deutschen Nachkriegsfilms. Gleichwohl wird die beschauliche Fahrt auf Wunsch auch von feiner italienischer Musik begleitet, die kommt allerdings aus der Konserve. Das fällt aber nicht ins Gewicht, denn diese Tour bleibt unvergesslich.

Gondel Wörthsee, Treffpunkte am nordöstlichen Wörthseeufer, Gondeltel. (01 75) 6 00 04 68
www.gondel-woerthsee.de

ÖPNV: Bus 9614 (Tutzing-Penzberg), Haltestelle Abzweig Bahnhof Bernried

Weitläufiges Juwel

35 *Bernrieder Park in Bernried*

Nur einen Steinwurf von der ehemaligen Stifts- und Klosterkirche St. Martin der Augustiner Chorherren entfernt, die heute als Pfarrkirche fungiert, liegt der wunderschöne Bernrieder Park. Auf den ersten Blick scheint dieses Idyll nicht mehr als eine Naturoase von vielen im Fünfseenland zu sein. Das würde der unter Landschafts- und Denkmalschutz stehenden Grünanlage am Südwestufer des Starnberger Sees allerdings nicht gerecht werden. Spätestens ein zweiter Blick offenbart die wahre Schönheit dieses weitläufigen Areals, die es auf einer Fläche von 80 Hektar bzw. 112 Fußballfeldern großzügig verteilt. Mehr als sieben Kilometer Wanderwege mit so wohlklingenden Namen wie Hirschberg-, See-, Brunnen-, Franzosen- und Wagnerstadelweg breiten sich hier aus, um dem geneigten Frischluftflaneur immer wieder neue und abwechslungsreiche Eindrücke vom Bernrieder Park zu vermitteln, die für pure Freude und reines Vergnügen stehen. Damit erfüllt das Parkjuwel bis heute genau das, was der Münchner Oberhofgärtner Carl Effner und sein Sohn, Mitte des 19. Jahrhunderts ganz im Geist eines englischen Landschaftsgartens, bei ihrer Planung vor Augen hatten: eine natürliche Landschaft, die der Besucher wie ein begehbares Bild lustwandelnd durchstreifen kann. Viele, teils uralte Eichen und Buchen sowie weitere Baumarten weisen weit in die Zeit zurück, in der das einstige Kloster die Region prägte. Entlang der Wiesen, die sich leicht zum Ufer neigen, geben die laubgekrönten, dickstämmigen Baumriesen und das dichte Unterholz immer wieder den Blick auf den Starnberger See und die nahe liegenden Alpen frei. Unterwegs laden die zahlreichen Sitzbänke zum fröhlichen Verweilen und stillen Betrachten ein. Dieses erholsame Vergnügen ist Wilhelmina Busch-Woods zu danken. Die exzentrische Brauerei-Erbin und letzte Eigentümerin des Parks gründete 1949 eine Stiftung, die die gesamte Parkanlage 1952 für die Allgemeinheit öffnete. Welch ein wunderschönes Naturgeschenk!

TIPP

Der reiche Rokoko-Tabernakel (1763) der Pfarrkirche St. Martin ist unbedingt sehenswert.

Bernrieder Park, 82347 Bernried
www.bernrieder-park.de
ÖPNV: Bus 9614 (Tutzing-Penzberg), Haltestelle Abzweig Bahnhof Bernried

Heiß auf Eis

36 *Starnberger Eiswerkstatt*

Manchmal schmilzt Glück auf der Zunge wie ein Löffel Piemont-Haselnuss-Milcheis. Dazu braucht es lediglich zwei Brüder und eine Vision. Umgesetzt haben Jan und Sven Thunig ihren lang gehegten Traum im Herzen Starnbergs an der Wittelsbacherstraße. Eis ist nicht erst seit März 2017 ihr Geschäft, davor beglückten die beiden mit ihrem fahrenden Eis-Mobil klein und groß. Doch dann bot sich ihnen die Gelegenheit zur Sesshaftwerdung, und das ließen sie sich nicht entgehen. Seither betreiben sie ihre Starnberger Eiswerkstatt direkt auf dem Kirchplatz mit Blick auf die Stadtpfarrkirche St. Maria. Vor allem sind sie jetzt täglich von 9 bis 22 Uhr und ganzjährig da – für die vielen Liebhaber von haus- und handgemachtem Eis und für die, die es noch lieben werden. Einladend lockt die schnuckelige Eisdiele mit dem dazugehörigen Café – mit Plätzen drinnen und draußen. Kaum setzt man seinen Fuß über die Schwelle des Lokals, nimmt die Nase feine und vertraute Düfte wahr. Hm, was riecht hier nur so unheimlich gut? Und man erinnert sich an frühe Kindertage, als die geliebte Oma sonntags mit ihrem alten Waffeleisen die herzigen Lieblingsschleckereien gleich stapelweise buk. Hier sind es frisch gebackene dicke Tonka- und Butter-Zimt-Waffeln, die den Raum mit betörenden Aromen füllen. Sogar ohne eisige Beilage sind sie äußerst schmackhaft und zudem ausgesprochen appetitanregend anzusehen. Und wenn man dann liest, wie die Eissorten heißen, in denen nur die besten Zutaten stecken – künstliche Aromen und Farbstoffe sind hier tabu –, läuft einem das Wasser im Mund zusammen: Karamell-Fleur de Sel, Kokos-Schoko, Milchreis-Kirsche, Madagaskar Vanille Eiercreme, und das bereits erwähnte Piemont-Haselnuss-Milcheis – einfach superlecker! Alle Sorten haben die Eisbrüder selbst kreiert, weshalb sie mit den Rezepten einfallsreich spielen, um Neues wie Kürbiskern- und Maroneneis zu schaffen. Und wer davon nicht genug bekommen kann, sollte sich seinen Favoriten im Halbliterbecher mit nach Hause nehmen. Köstlich!

TIPP Nicht nur die 18 Eissorten, auch der Espresso schmeckt in der Starnberger Eiswerkstatt ganz vorzüglich.

Starnberger Eiswerkstatt, Wittelsbacherstraße 9, 82319 Starnberg
www.starnberger-eiswerkstatt.de

ÖPNV: Buslinie 901, 902 und 982, Haltestelle Wittelsbacherstraße

Fisch auf den Tisch

37 *Fischermeister Gastl Café in Berg-Leoni*

Es gibt Momente, da möchte man am liebsten die Uhr anhalten. Dann erfasst einen der drängende Wunsch nach einer Auszeit, nach einer kleinen Flucht aus der Wirklichkeit. Solch ein unbändiges Bedürfnis nach Pause wird im Fischermeister Gastl Café in Berg-Leonie zuverlässig gestillt – jedenfalls donnerstags bis sonntags von 11 bis 18 Uhr, im Sommer auch mittwochs. Dieses kleine Paradies wartet am sonnigen Ostufer des Starnberger Sees in Leoni, einem Ortsteil der Gemeinde Berg, der sich wie ein länglicher Schlauch ans Seeufer schmiegt, auf uns. Nur zwei Ecken genauer gesagt einen Steinwurf von der Schiffsanlegestelle Leoni entfernt, direkt an der schmalen Assenbucher Straße, vom Seilbahnweg und dem Bootsverleih Gastl gerahmt. Inmitten traumhaft schöner Landhäuser und Villen, sämtliche denkmalgeschützt: allein an der Assenbucher Straße kann man auf engstem Raum sieben solcher einmaligen Domizile bewundern. Den Fischermeister betritt man über die Terrasse mit 70 sonnenbeschirmten Plätzen, dann muss man sich allerdings entscheiden: Rechts gehts ins Hofcafé, links in den Fisch- und Hofladen. Letzterer ist die erste Wahl: Da liegen sie, im Starnberger See selbst gefangene und verarbeitete Fische – geräuchert, filetiert, entgrätet und auch ganz. Vor allem Renken, Hechte, Aale, Barsche und Karpfen gehören zum Angebot. Auch wenn man den Laden mit geschlossenen Augen betritt, weiß man sofort, was es hier gibt: Im Handumdrehen ist man nämlich von angenehmen Fischgerüchen umhüllt, die die Geschmackssinne sogleich in einen Vorfreudemodus versetzen. Wer es nicht erwarten kann, nimmt eben umgehend eine Räucherfischsemmel auf die Hand und genießt sie vor Ort am besten bei einem Glas Wein. Soll noch einmal einer behaupten, Fisch mache nicht glücklich. Wer dennoch anderes begehrt, gleich nebenan im Hofcafé gibts feine Kaffeespezialitäten und selbst gebackene Torten und Kuchen.

TIPP

Donnerstags ab ca. 11 Uhr gibt es ofenwarmen Räucherfisch zum Mitnehmen oder vor Ort zum Verzehr.

Fischermeister Gastl Café, Assenbucher Straße 41, 82335 Berg-Leoni, Tel. (0 81 51) 56 27
www.fischermeister-gastl.de

ÖPNV: Buslinien 961 und 974, Haltestelle Kreuzweg, Berg

FISCHERMEISTER
G
GASTL
KLOSTER Andechs
ANDECHSER BIERSPEZIALITÄTEN
KLOSTER Andechs
ANDECHSER BIERSPEZIALITÄTEN
KLOSTER Andechs
ANDECHSER BIERSPEZIALITÄTEN

Mit Pferden fliegen

38 *Islandpferde im Aubachtal*

Nirgendwo in der Kulturlandschaft Fünfseenland kommt man Island, dem dünn besiedelten Inselstaat im äußersten Nordwesten Europas, näher als unterhalb des Weilers Delling. An der Staatsstraße 2068 zwischen Weßling und Seefeld hält man sich links und folgt der Mühlstraße ins wunderschöne Aubachtal hinab. Vorbei am Gut Delling mit der 1774/75 erbauten Hofmarkskapelle St.-Georg stößt man, nur wenige Meter, nachdem man den Aubach überquert hat, auf das umzäunte Gelände eines Freizeitstalls mit kleiner Privatzucht von Islandpferden. Was vor 30 Jahren woanders mit einer Stute begann, wird seit nunmehr 15 Jahren hier mit bis zu 16 Tieren erfolgreich fortgesetzt – inmitten wundervoller Natur mit weitem Blick nach Südwesten über Wiesen und Felder hinweg bis nach Oberalting, von wo die Zwiebelhaube der Pfarrkirche St. Peter und Paul freundlich grüßt. Für den Pächter ist die Zucht allerdings keine kommerzielle Unternehmung, vielmehr stehen dabei ausschließlich Freude, Entspannung und vor allem die Liebe zum Isländer im Vordergrund. Auf drei Hektar Grund tummeln sie sich und grasen, was die Wiesen hergeben und der täglich ein Stück weiter versetzte Weidezaun erlaubt. Ihren Durst löschen die Tiere, deren Fell das größte Farbspektrum von allen Pferderassen der Welt aufweist, an einer Tränke, die Quellwasser pumpt. Im Sommer, wenn die Sonne das Freigelände mit gleißendem Licht und Hitze flutet, bewegen sie sich nur langsam und halten sich gern in den schattigen Stallungen auf. Doch mit fallenden Temperaturen tritt ihr wahres Temperament zutage. Dann stürmen die robusten Vierbeiner mit wehender Mähne ungezwungen, verspielt und freiheitsliebend übers Land. Und gelegentlich kann man dann erahnen, was sie von allen anderen Pferderassen so wunderbar unterscheidet. Neben Schritt, Trab und Galopp haben Isländer noch weitere Gangarten drauf: Tölt und Rennpass. Im Tölt, sagen Kenner, schwebt der Reiter buchstäblich wie auf einer Wolke, und im Rennpass fliegt man übers Gelände hin. Glücklich, wer das sieht.

Freizeitstall mit Isländern, Mühlstraße, 82229 Seefeld
ÖPNV: Buslinie 953 (Seefeld-Weßling), Haltestelle Delling

Dorfplatz mit Charakter

39 *Fischerkapelle in Possenhofen*

Unweit vom Schloss Possenhofen, in dem die spätere österreichische Kaiserin Elisabeth ihre Jugend verbrachte, trifft der Besucher auf einen kleinen Dorfplatz samt himmelwärts gerecktem Maibaum in den Farben Weiß und Blau. Flankiert vom – nach vierzigjähriger Auszeit jüngst wieder hergerichteten – Gasthof „Zum Fischmeister Karl Schauer". Ein Haus mit über hundertjähriger Tradition, das lange Zeit ein gesellschaftlicher Hotspot am Starnberger See war, in dem die englische High Society und lokale Prominenz ein- und auskehrten. Gleich gegenüber befindet sich die Fischerkapelle, ein wahrlich historischer Schatz. Dabei stand das Kirchlein nicht immer an dieser Stelle, trug ursprünglich sogar einen anderen Namen. Aber als die Herrschaften vom Schloss eine neue Zufahrt zu ihrem Anwesen planten, musste die Vorgängerversion kurzerhand weichen, um am jetzigen Standort zu landen. Wie einem Kupferstich von Michael Wening (1645–1718), Hofkupferstecher bei Kurfürst Ferdinand Maria von Bayern, zu entnehmen ist, stand sie ursprünglich in etwas anderer Form auf der gegenüberliegenden Straßenseite. Heute sieht man es dem Pöckinger Ortsteil Possenhofen nicht unbedingt an, dass sich hier vor 500 Jahren nur ein winzig kleines Bauern- und Fischerdorf mit direktem Seezugang befand. Dafür sind in der Vergangenheit zu viele Gebäude nachgewachsen, am Dorfplatz kann man es noch erahnen. Doch damit war schnell Schluss, als sich Adelige in diesem Idyll niederließen. Fortan drückten sie dem beschaulichen Ort ihren Stempel auf. Erst wars eine Holzhütte, dann folgte das Schloss mit allem Pomp und Chichi – und 1883 musste die alte Kapelle dran glauben. Sie wurde abgerissen und auf Kosten der Herzogin Ludovica in Bayern an anderer Stelle wiedererrichtet – und Possenhofens wenigen Einwohnern übereignet. Viele Jahre und Schönheitskuren später strahlt sie wie neu mit ihren Rundbogenfenstern und ihrem Glockenstuhl. Ein köstlicher Augenschmaus, den man vom Biergarten am Platz in aller Ruhe genießen kann.

TIPP Die Fischerkapelle steht heute für kirchliche Feiern wie Taufen und Trauungen zur Verfügung.

Fischerkapelle Possenhofen, Karl-Theodor-Straße 7, 82343 Pöcking
www.fischerkapelle-possenhofen.de

ÖPNV: S6 (Richtung Tutzing), Haltestelle Bahnhof Possenhofen; Buslinie 964 (Wieling–Starnberg), Haltestelle Schlossberg, Possenhofen

Lebendige Einheit

40 *Assenhauserhof in Berg-Farchach*

Farchach, ein Ortsteil der Gemeinde Berg, ist nicht nur eine der ältesten Siedlungen im Alpenvorland, dort trifft man auch auf ein dörfliches Idyll, das den Besucher vertraut empfängt. In seinem Herzen, das rund um die Filialkirche St. Martin und St. Nikolaus schlägt, liegt neben weiteren denkmalgeschützten Bauernhäusern der Assenhauserhof, der im Kern aus dem 18. Jahrhundert stammt. Eine breite Einfirstanlage, die einst Wohnteil, Stallung und Stadel unter einem Dach verband, mit drei Giebelmedaillons auf der Stirnseite. Hier betreiben Simon und Johanna Mair eine Hofkäserei, wie es sie im ganzen Fünfseenland kein zweites Mal gibt. Man findet ihren landwirtschaftlichen Betrieb schräg gegenüber der barocken Kirche, wo die Kempfenhauser Straße den leise plätschernden Lüßbach – drittgrößter Zufluss des Starnberger Sees – quert. Der Vater stellte ihn bereits 1970 auf Ökolandbau um und war damit der erste Biobauer im Landkreis Starnberg, der Sohn nahm die biodynamische Wirtschaftsweise hinzu, die wie ein organischer Kreislauf funktioniert. Das geht nur mit viel Leidenschaft, Kreativität und Liebe zu allen Lebewesen und der Natur. Die Mairs halten nicht mehr Tiere als der Hof mit seinem Land ernährt: zwölf Milchkühe, einen Zuchtbullen, zehn Milchziegen und drei Mastschweine. Letztere etwa fressen die Molke aus der Käserei. Das Konzept der lebendigen und nachhaltigen Kreislaufwirtschaft funktioniert. Hofkäserei und Backstube, Hofladen mit Hofcafé sind nur einige der Früchte, die die Mairs einst säten und seither ernten. Dabei arbeiten sie noch mit zwei weiteren Demeterbetrieben im Ort zusammen. Alles, was der Hofladen führt, kommt weitgehend aus eigenem Anbau – Gemüse, Korn, Milchprodukte, Fleisch, Würste, Eier, Brot, Käse und vieles mehr. Doch hier ist auch Kultur zu Hause: Hoffeste mit Musik und Tanz, Felderbegehungen oder Hofführungen stehen auf dem Programm. Glücklich, wer den Hof besucht, glücklicher, wer ihn in seiner Nähe hat.

TIPP

Die Filialkirchen St. Martin und St. Nikolaus und ein Spaziergang durchs Dorf sind überaus stimmungsvoll.

Assenhauserhof, Kirchplatz 1, 82335 Berg-Farchach, Tel. (0 81 51) 5 11 43
www.demeter.de/users/10016

ÖPNV: Buslinie 974 (Icking–Höhenrain), Haltestelle Farchach Kirche

Hofkäserei
AssenhauserHof

Royale Oase der Ruhe

41 *Roseninsel im Starnberger See*

Diese Reise ins Inselglück beginnt am Glockensteg in Feldafing, zwar nicht nach festem Fahrplan, aber mehr oder weniger im Viertelstundentakt. Findet man den Steg während der Saison (Anfang Mai bis Mitte Oktober) einmal verwaist vor, ist nur die vorhandene Glocke zu läuten, dann holen einen die Fährleute binnen kürzester Zeit ab. Mit ihren Zillen, so heißen die flachen Holzboote in dieser Gegend, setzen sie den Gast – rund 40.000 sind es jährlich an der Zahl – in wenigen Minuten und gegen eine kleine Gebühr die zweihundert Meter zur Roseninsel über. Das einzige Eiland im Starnberger See, einst vom bayerischen König Maximilian II. gekauft, sollte diesem als ruhiges Sommerdomizil dienen, um der Hektik des Münchner Regentenalltags zu entfliehen. Dafür war ein kleines Schlösschen angedacht, zu dem es aber nie kam, weil der König überraschend das Zeitliche segnete. Stattdessen wurde eine kleine pittoreske Villa gebaut, auch Casino genannt, die seither in einem herrlichen Park mit zauberhaftem Rosengarten thront. Hunderte Rosen – von Zwergrosen über Strauchrosen bis zu dickstämmigen Rosenbäumchen ist alles dabei – zeichnen ein großes Oval, das in mehreren Schleifen um eine gut fünf Meter hohe weiß-blaue Glassäule kreist, gekrönt von einer vergoldeten Figur eines Mädchens mit Papagei. Während ihrer Blütezeiten im Juni und August verwandeln die Rosen den Garten in ein rot- und rosafarben leuchtendes Farbenmeer, dessen Gestade betörende Düfte umwehen. Kein Wunder, dass der Märchenkönig Ludwig II. hier am liebsten verweilte, allein, aber auch mit erlesenen Gästen. Insbesondere mit Kaiserin Elisabeth von Österreich, vielen besser als Sisi oder Sissi bekannt, lustwandelte er zeitvergessen auf seiner Oase der Ruhe. Mal ehrlich, wer hätte da nicht gerne Mäuschen gespielt? Natürlich kann man auf der Roseninsel auch den eigenen Gedanken nachhängen, viele Parkbänke laden zum erholsamen Verschnaufen, innerlichen Krafttanken und fröhlichen Tagträumen ein.

TIPP Im hübschen Gartensaal des Casinos sind nach Anmeldung auch standesamtliche Trauungen möglich.

Glockensteg, Seeuferweg, 82340 Feldafing
www.roseninsel.bayern
ÖPNV: Linie 978 (Feldafing–Tutzing), Haltestelle Feldafing Bahnhofstraße

Wuist du auf
de andre Seitn,
na mußt du nach 'm
Fahrmo leitn.
Wenn Sie auf die
Roseninsel übersetzen
möchten, bitte
an der Glocke läuten.
Zeiten & Preise
siehe Schautafel

Platz an der Sonne

42 *Wegkapelle St. Anna in Berg*

Unweit der Perchastraße, welche die Gemeinde Berg parallel zum Starnberger See wie eine Furche durchzieht, erwartet den Besucher – ob nun heimisch oder nicht – ein ebenso verzückender wie entrückender Platz an der Sonne. Auch dann, wenn das Himmelsgestirn ausnahmsweise einmal nicht scheint. So anmutig und wonnetrunken ist dieser Ort, dass man ihn – hat man ihn erst mit allen Sinnen genossen – am liebsten nicht mehr verlassen möchte. Doch zunächst muss man knapp 700 Meter den Kapellenweg bergauf, gewiss nicht zu steil, aber doch stetig hinauf. An der dann folgenden Gabelung, wo der Bärenleitenweg zur Rechten und ein namenloser Waldweg zur Linken entschwindet, befindet sich am Rande des Berger Forst die heimelige St. Anna Kapelle. Auf ihrer warmen Südseite steht ein schlichtes Bankerl zum besinnlichen Niederlassen, das den Gast mit einer traumhaften Fernsicht auf die alpinen Berge beschenkt. Ein Ausblick, der die eigenen Seelenräume weitet. Dabei weht über der 1826 errichteten denkmalgeschützten Kapelle mit ihrem geschweiften Kuppeldach ein Hauch von Geschichte. Das gerade einmal neun Quadratmeter große Gebäude steht auf der Stelle einer Vorgängerin (1803 dem Erdboden gleichgemacht), wovon noch heute Teile des Innenraumes zeugen: etwa die trauernde Maria mit dem Leichnam Jesu im Schoß, auch Pieta genannt. Durchs Türglas im hölzernen Vorbau, der östlich den Eingang markiert, kann man einen Eindruck davon gewinnen. Im Westen trägt die Kapelle dagegen ein schlichtes Bretterkleid. Davor stand viele Jahre eine Buche, die St. Anna beschirmte und schützte. Doch dann kam sie ihr zu nah, drohte sie gar in der Substanz zu verletzen und musste weichen. In sicherer Entfernung wächst nun ein neuer Baum. Auf dem Bankerl aber hält man inne, möglichst lange und still, atmet tief und noch tiefer, füllt sein Ich mit vitaler Kraft, bevor man sich zu gegebener Zeit gestärkt auf den Rückweg macht.

TIPP Vom Bärenleitenweg zweigt die Lindenallee ab, über die man zur Wallfahrtskirche Aufkirchen kommt.

Wegkapelle St. Anna, Bärenleitenweg, 82335 Berg am Starnberger See
ÖPNV: Buslinie 961 (Starnberg-Ammerland), Haltestelle Grafstraße, Berg

Koloss zum Knutschen

43 *Bismarckturm in Assenhausen am Starnberger See*

Wie ein monumentaler Protzklotz steht er da, auf halber Strecke zwischen Allmannshausen und Assenhausen am Ostufer des Starnberger Sees im Berger Ortsteil Leoni: der Bismarckturm. Der einzige in Oberbayern. Stolze 30 Meter stemmt er sich mit all den verbauten Kalk- und Tuffsteinen in den Himmel. Dabei ruht er quasi rittersportlich auf einem starken Fundament: quadratisch, praktisch, gut – richtiger: massiv. Auf jeder Seite führen mittig drei Meter hohe Treppen zur Wandelhalle hinauf und sorgen jeweils dank vier offener Rundbögen für reichlich Licht und Sicht. Darüber liegt ein flaches Kupferdach, aus dem sich der eigentliche Turm erhebt, dessen Spitze eine Kugel mit Adler bildet. Seit gut 120 Jahren thront er auf dieser Anhöhe, mittlerweile von hohen Bäumen umstellt, die seine mächtige Erscheinung ein wenig relativieren. Bei der Einweihung 1899 sah es hier noch ganz anders aus: Kein Baum, kein Strauch, einfach nichts nahm diesem Ehrendenkmal für den preußischen Reichskanzler Bismarck die Rundumsicht. Zum Ostufer des Sees etwa fielen von bunten Blumentupfern durchzogene Almwiesen sanft hinab, einzelne Bauernhöfe lagen weit verstreut in der Landschaft. Und so stand der Turm unübersehbar da, wie ein mächtiger Fingerzeig, der unter allen Umständen auf sich aufmerksam machen wollte. Das war seinerzeit nicht verwunderlich, denn die Verehrung des Eisernen Kanzlers war enorm und steigerte sich zum Personenkult. So hatten beim Turmbau in Assenhausen einflussreiche Persönlichkeiten wie Prinzregent Luitpold und der Maler Franz von Lenbach ihre Finger im Spiel. Zum Glück gehören jene Zeiten der Vergangenheit an, doch eines hat sich nicht geändert: Dieser Ort zählt nach wie vor zum erlesenen Reigen der schönsten Plätze der Gemeinde Berg. Mit gutem Grund: Er kehrt dem touristischen Trubel entspannt den Rücken, verführt Frischverliebte wie erprobte Liebespaare zum romantischen Spaziergang mit prickelnder Picknickpause und schenkt Erholungsuchenden Ruhe und Gelassenheit.

TIPP

Sehenswert: Der Fischbrunnen am südöstlichen Weg zum Turm, Nähe Bismarckweg nach Allmannshausen.

Bismarckturm Assenhausen, Dürrbergstraße (Parkplatz Erholungsgebiet), 82335 Berg

ÖPNV: Buslinie 961 (Starnberg Bhf.-Ammerland), Haltestelle Sibichhausen

Bayerische Adria

44 *Erholungsgebiet Ambach am Starnberger See*

Dass es leidenschaftliche Sonnenanbeter und Wasserratten gibt, die es in jeder freien Minute ans Wasser zieht, ist längst bekannt. Doch nicht jeder denkt dabei an einen idyllischen Strand und absolute Ruhe. Für manche ist ihr Bade- und Auszeitglück erst dann vollkommen, wenn sich zu ihrem Lieblingsvergnügen auch noch Jubel, Trubel und Heiterkeit gesellen. Doch mit diesem speziellen Anforderungsprofil kann der Starnberger See an seinem südlichen Ostufer locker-flockig dienen: im Erholungsgebiet Ambach, dem größten Badeplatz an Deutschlands zweitwasserreichstem See, dessen (eintrittsfreie) Badesaison von Mitte Mai bis Mitte September währt. Kaum zu glauben, aber wahr: Das riesige Areal mit kieselsteinigem Strand verfügt über einen zweieinhalb Kilometer langen und über circa 30 Meter flach abfallenden Uferbereich – bestens für Kinder geeignet und daher als Familienparadies bekannt. An ganz besonderen Tagen, wenn die Wetterbedingungen nach Bestnoten streben, reiht sich hier ein bunter Sonnenschirm an den anderen, geht ein Handtuch mit dem nächsten auf Tuchfühlung – fast wie an der Adria. Zum Glück gibt es reichlich Platz mit großzügigen Liegewiesen, die von üppigen Bäumen beschattet sind. Das Naherholungsgelände liegt zwischen zwei hölzernen Badestegen, die zugleich den Stehbereich im See markieren. Am nördlichen Ende sieht man zudem bei guten Winden Kitesurfer mit aufgeblähten Lenkdrachen in der Höh das Wasser durchpflügen, während sich am südlichen Steg die Windsurfer tummeln. Wem dieses Gewusel an Land und auf See immer noch nicht zu seinem Glück gereicht, der kann sich zusätzlich am malerischen Alpenpanorama berauschen. Wer nach all dem ausgelassenen Trubel einen rechten Appetit verspürt, kann diesen vor Ort stillen: Mittendrin am Kiosk Alpenblick und beim Buchscharner Seewirt am südlichen Steg – der idyllische Hof aus dem 18. Jahrhundert mit gutbürgerlicher Küche, urgemütlichen Stuben und schönem Biergarten ist ein echter Hingucker.

TIPP

Am Abend (ab 20 Uhr) verwandelt sich das Areal in einen der wenigen öffentlichen Grillplätze am See.

Erholungsgebiet Ambach, 82541 Münsing
ÖPNV: Buslinie 373, Haltestelle Badeplatz Ambach

Fest der Sinne

45 *Buchheim Museum der Fantasie in Bernried*

Wenn man sich zwischen Unterzeismering und Bernrieder Park unvermittelt einem tonfarbenen meterhohen Giraffenpaar – offensichtlich Mutter und Kind – gegenübersieht, ist das wie ein Versprechen: Gleich hast du es geschafft. Nur noch mit Schwung den kleinen schlängelnden Weg hinab, nebst Wiesen und baumstarken Recken. Vorbei an einem Militärhubschrauber, den Street-Art-Künstler mit viel Farbe und Graffitis zum knallbunten Flower-Power-Objekt umgestalteten, und an Lothar-Günther Buchheims altem BMW, der zum Untersee-Pkw mit achtbeiniger Krake auf dem Dach mutiert ist. Und schon steht man vorm Buchheim Museum der Fantasie, einem modernen und einladenden Haus, und fängt augenblicklich an zu schwelgen in dem, was man vor sich sieht. Ein Gebäude wie ein lang gestreckter Schiffsleib, der sich dezent in die Landschaft fügt, mit vielen Vor- und Rücksprüngen, Balkonen und Terrassen, Beton und Glas, großflächig holzverkleidet. Buchstäblich herausragend ist jedoch die freistehende Kaizunge, die sich ganz lang und immer länger werdend über Uferböschung und Schilfgürtel hinweg im Starnberger See verliert. Wer sich über ihre Planken bewegt, den beschleicht mit jedem Schritt das Gefühl, die Bodenhaftung einzubüßen. Bis man vor lauter Leichtigkeit schwebt und meint, alles Irdische hinter sich zu lassen. Doch auch das Innenleben des Museums verzückt den Besucher wie ein Fest für die Sinne. Wer seinen Blick schweifen lässt, erlebt ein Feuerwerk der Kunst und Fantasie. Dort kann man nicht nur eine berühmte Sammlung des Expressionismus mit Gemälden, Aquarellen, Zeichnungen und Druckgrafiken bewundern, auch Kunsthandwerk aus aller Welt, bayerische Volkskunst, Kultgegenstände aus Afrika und anderen außereuropäischen Ländern ist hier zu sehen. Wechselnde Ausstellungen ergänzen das fantastische Programm. Wer das Buchheim Museum nach dem Kunstgenuss wieder verlässt, fühlt sich wie von einer Glückswelle getragen.

TIPP Über die Seepromenade ist man schnell am Schiffsanleger, ab da gehts Richtung Tutzing und Seeshaupt.

Buchheim Museum der Fantasie, Am Hirschgarten 1, 82347 Bernried am Starnberger See, Tel. (0 81 58) 99 70 55, www.buchheimmuseum.de

ÖPNV: Zug (München–Bernried), Haltestelle Bahnhof Bernried (zum Museum ca. 20 Gehminuten)

Pfundweise Genuss

46 *Kaffeerösterei am Ammersee in Herrsching*

In Herrsching schmeckt das Glück besonders aromatisch. Das hängt auch mit Professor Leopold Edelbauer (1927–2017) zusammen. Der anerkannte Kaffeespezialist redete nicht nur kundig übers schwarze Gold und seine Kultur, er hob das erste unabhängige Österreichische „Institut für Kaffee-Experten-Ausbildung“ aus der Taufe. Und der Kaffeesommelierwagen, auf dem man Kaffee vor den Augen des Gastes zubereitet, stammt ebenfalls von ihm. Diese Erfindung sucht man in der feinen Kaffeerösterei am Ammersee von Stephanie Leonhardt mit dem roten Herzen im leuchtend schönen Logo zwar vergebens, ihr Kaffeesommelière-Diplom aber erwarb sie bei jenem Professor in Wien. Mit einem charmanten Café fing für sie vor Jahren alles an und mündete, stets von der Leidenschaft für Kaffeekultur getragen, schließlich 2017 in der eigenen kleinen Rösterei. An einem ruhigen Plätzchen am Ende eines schmalen Arkadenganges – gegenüber der Erlöserkirche samt Turm zwischen altem Baumbestand – hat sie sich eingerichtet. Gemütlich und ohne viel Gedöns. Drinnen hat man alles schnell im Blick: hinter der Theke die vier Mühlen für ihre leckeren Kaffees, ein mit wenigen Stühlen besetzter ovaler Tisch und ein paar Hocker. Außerdem elf Kaffeeschütten etwas erhöht an der Wand, befüllt mit verschiedenen Sorten wie „Ammersee Espresso“, „Blüte Äthiopien“, „Seekaffee“ oder „Kleine Blume Indien“. Handmühlen, Tassen und Ammersee-Souvenirs ergänzen das Sortiment. Inmitten dieser Kulisse thront der feuerrote Star, ein zwei Meter hoher Röster. Damit verhilft die Sommelière aus Passion den edlen Rohkaffeebohnen – zu fairen Preisen von Kleinbauern erworben – zu ihren ganz besonderen Geschmacksnoten. Mit Weile. Ohne Eile. Mit Herz. Und erfahrenem Sachverstand. Dass Kaffee längst nicht gleich Kaffee ist, erfährt, riecht und schmeckt man hier. Auch, dass Glück und Genuss ganz eng zusammenhängen. Und das Beste daran: Man kann alles pfund- und kiloweise mit nach Hause nehmen.

Kaffeerösterei am Ammersee, Madeleine-Ruoff-Str. 4a, 82211 Herrsching, Tel. (081 52) 999 70 37
www.kaffeeroesterei-am-ammersee.de
ÖPNV: Linie S8, Haltestelle Herrsching; Buslinie 951, Haltestelle Bahnhof Herrsching

PROBAT

Schöner Wohnen

47 *Schloss Possenhofen am Starnberger See*

Dass auch Adlige durchaus Geschmack haben und pflegen, stand zu keiner Zeit unter Generalverdacht. Schon früh entdeckte der städtische Adel auf seinen Landpartien und Jagdgesellschaften die malerische Schönheit des vor der Haustür Münchens liegenden Fünfseenlands. Alsbald entstanden ihrem Stand angemessene Unterkünfte, und so kam diese naturverwöhnte Gegend zu ihrem üppigen Villen- und Schlösserbestand. In der ersten Hälfte des 16. Jahrhunderts etwa verspürte der bayerische Herzog Wilhelm IV. ein unbändiges Verlangen, für seine Sommerfrischen eine repräsentative Bleibe am Rande des Starnberger Sees sein Eigen zu nennen. Da er vor Ort über ausreichend Land und die notwendigen Mittel verfügte, ließ er sich ein großzügiges Herrenhaus bauen. Der erste Versuch, ein hölzernes Anwesen, fand vor des Herzogs Augen keine, der zweite jedoch seine volle Zustimmung. Bis heute mutet der sehr aufwendige Bau mit seinen vier schräg stehenden Ecktürmen wie ein zauberhaftes Märchenschloss an. Gut drei Jahrhunderte später fiel es Herzog Max in Bayern, dem Vater von Sisi, der künftigen Kaiserin von Österreich, käuflich in den Schoß. Die verlebte in dieser prachtvollen Heimstatt ihre Jugend. Herzog Max erweiterte das Schloss um einen dreiflügeligen Trakt mit einer originellen Kapelle dazwischen, die wie ein Scharnier oder Brückenkopf alt und neu verbindet. In den dunklen braunen Tagen gehörte das Anwesen der NS-Volkswohlfahrt. Danach ging es weiter bergab, sogar Schafe waren dort untergebracht: Das einstige Juwel drohte gänzlich zu verfallen. Vor 40 Jahren stieg ein Investor ein und baute es zu Eigentumswohnungen um. Seither erstrahlt das herrliche Schloss zwar wieder in altem Glanz, nur besichtigen kann man es leider nicht. Aber was solls! Denn was lehrte uns der Philosoph Erich Fromm? Die Geisteshaltung des Seins verspricht das Glück – nicht die des Habens.

TIPP

Wenige Meter die Karl-Theodor-Straße hoch lockt der Gasthof „Zum Fischmeister" mit ehrlicher Küche.

Schloss Possenhofen

ÖPNV: S6 (Richtung Tutzing), Haltestelle Bahnhof Possenhofen; Buslinie 964 (Wieling-Starnberg), Haltestelle Schlossberg, Possenhofen

Freiflug ins Wasser

48 *Strandbad Utting am Ammersee*

Unweit des Schiffsanlegers Utting am Ammersee, wenige Meter nach dem Übergang der Mühl- in die Seestraße, liegt eine kleine Bucht samt schnuckeligem Strandbad mit Liegewiese, Biergarten und altem Baumbestand. Das pittoreske Örtchen ist eine historische Institution, seit über hundert Jahren schon vermittelt es ausgelassene Badekultur. Am Ende des Stegs, an dem links noch die hölzernen Umkleidekabinen weitgehend so erhalten sind, wie sie Ende der 20er-Jahre gebaut wurden, erwartet den Badegast ein ebenfalls komplett aus Holz erbauter Sprungturm, dessen ursprüngliche Form ins Jahr 1936 datiert und der 2001 für rund 100.000 Euro seine heutige Gestalt erhielt. Das sich zehn Meter übers Wasser erhebende Geviert hat es bei den Einheimischen, mehr noch, in der ganzen Ammersee-Region bis in den Rang eines Wahrzeichens geschafft. Kein Wunder, war er doch für Generationen von Kindern aus der Gegend eine ganz besondere, wenn nicht sogar die Attraktion. Wie eine Freilichtbühne reckt er sich über drei Ebenen in den Himmel empor, vom oberen Holzdeck aus genießt man einen entzückenden 360-Grad-Rundumblick auf Land und Leute sowie eine grandiose Aussicht aufs Alpenband. Vor allem am Morgen und am Abend, wenn die Sonne ihre ersten und letzten Strahlen auf die Erde wirft, verwandelt sich dies herrliche Plätzchen in einen Stimmungsbooster, der seinesgleichen sucht und Nostalgie aufkommen lässt. Natürlich ist der Sprungturm auch eine sportliche Herausforderung für die passionierten und schwindelfreien Wasserfreunde, die sich vor aller Strandbadgäste Augen mal übermütig, mal zaghaft, mal völlig cool über die äußerste Kante in den kurzen Freiflug ins erfrischende Nass stürzen, um nur Sekunden später mit viel Wasserwirbel und Blasengeblubber wieder aufzutauchen – mit einem einzigen Gedanken im Sinn: gleich noch mal! Da nicht nur die Seeluft, sondern auch das Seebaden hungrig macht, kann man sich an der Grillstation oder dem Kiosk mit Snacks und Drinks für den nächsten Sprung stärken.

Strandbad Utting am Ammersee, Seestraße 12a, 86919 Utting am Ammersee, Tel. (0 88 06) 76 80
www.strandbad-utting.de

ÖPNV: LVG 14 (Landsberg-Utting), Haltestelle Bahnhof Utting

Wie die Römer heizten

49 *Villa Rustica in Leutstetten*

Auch die Wissenschaft hat ihre Glücksmomente. Wer an einem solchen Moment teilhaben möchte und sich für die Antike interessiert, der begebe sich nach Leutstetten. Südlich davon steht ein unübersehbarer gläserner Pavillon inmitten von Wiesen und Feldern, im Hintergrund von einem Wald beschirmt. Zwar wirkt die gläserne Riesenvitrine auf den ersten Blick für manchen fehl am Platz, doch bei näherer Betrachtung erfährt man von dem kostbaren Schatz, den der Ausstellungsbau birgt. Anfang 2002 fanden Archäologen dort – nach nicht weniger als 1800 Jahren – Überreste eines römischen Gutshofs (Villa Rustica) anno 134, der in antiken Zeiten eine Siedlung in der unmittelbaren Umgebung mit Produkten aus Ackerbau und Viehzucht versorgte. Dabei handelte es sich um Bratananium alias Gauting, nur einen Katzensprung von Leutstetten entfernt. Doch überrascht der glückliche Fund am Ende nicht, schließlich war auch das Alpenvorland seit dem Jahr 15 v. Chr. fest in Römerhand, viele große Militär- und Handelsstraßen überspannten bis etwa 500 n. Chr. die heutige bayerische Gegend mit dem Fünfseenland wie ein feingliedriges Netz. In dem kreuzten sich südlich des Ammersees – um genau zu sein bei Raisting – zwei bedeutende Verkehrsadern. Die eine führte von Bozen über Partenkirchen nach Augsburg, die andere von Bregenz über Gauting nach Salzburg. Mit anderen Worten: Hier herrschte reges Treiben. Davon berichten auch die im Glashaus gezeigten Objekte spektakulär. Beispielsweise die Heizungsanlage, die den Raum mühelos auf 21 Grad erwärmte. Oder eine teilweise erhaltene Badewanne mit funktionstüchtigem Abflussrohr, Hausschlüssel und Geschirr aus Keramik, darunter eine Schüssel, von deren Töpfer man sogar noch den Namen kennt. Und eine Schreibtafel mit Holzrahmen, die ältere Semester ans eigene Grundschulutensil erinnert, jedoch ohne Schwamm und Lappen und schlappe 2000 Jahre älter. Das zaubert ein staunendes Lächeln ins Gesicht.

TIPP Führungen finden von Mai bis Oktober am 1. Sonntag im Monat statt (15 Uhr), Extrawünsche auf Anfrage.

Villa Rustica, 82319 Leutstetten, Tel. (0 81 51) 77 21 10
www.starnberg.de/kultur-freizeit/stadtgeschichte/villa-rustica
ÖPNV: Buslinie 904, Haltestelle Einbettl West

Kultort im Heimatstil

50 *„Zum Fischmeister" in Ambach am Starnberger See*

Preisfrage: Was verbindet den Maler Carl Spitzweg, die Filmregisseurin Margarethe von Trotta, den Philosophen Jürgen Habermas, den langjährigen Leiter der Carl Hanser Verlage Michael Krüger und das Enfant terrible Herbert Achternbusch? Sie alle gingen im „Bierbichler" – wie die Einheimischen das Gasthaus „Zum Fischmeister" in Ambach am Ostufer des Starnberger Sees nennen – ein und aus. Einige hatten dort sogar ein Zimmer, Achternbusch etwa, der mit der Tochter des Hauses liiert war: Annamirl Bierbichler, die inzwischen verstorbene Schwester des Schauspielers („Das weiße Band") und Autors („Mittelreich") Josef „Sepp" Bierbichler, der dort wohnt. Das Lokal liegt an der schmalen Seeuferstraße, die sich dem See streckenweise so weit nähert, als wollte sie an seinen Gestaden ihren Durst löschen. Gleich neben dem Dampfersteg, an dem Schifffahrtstouristen aus Richtung Ammerland und Seeshaupt im kleinen Fischer- und Bauerndorf stranden, ragt das stattliche Gebäude mit dem gelb und weiß gefärbten Putz dreigeschossig unterm Flachsatteldach empor: mit Dutzenden Sprossenfenstern, seitlich von doppelt so vielen Holzläden in Grün gefasst, und den fast verloren wirkenden Balkonen an allen Seiten – Denkmalschützer sprechen hier von heimatstiligen Formen. Neben dem Haus zur Rechten wartet ein Traum von Biergarten auf seine Gäste: mit hohen Bäumen, sommers angenehm schattig und saugemütlich – so muss das sein. Gut 150 Jahre ist es im Besitz der Bierbichlers, Jahrhunderte vorher lebten Fischmeister darin, die als Beamte für Herzöge und Könige die Fischerei im Würmsee kontrollierten, wie der Starnberger See bis 1962 hieß. Eine Zeitlang genoss das Lokal wegen der Prominenz einen gewissen Kultstatus, womit die Wahl zum Glücksort aber rein gar nichts zu tun hat. Vielmehr nimmt die sympathische Atmosphäre in schöner Lage, das gut gelaunte Personal samt der vorzüglichen Küche (Leitmotiv: „Wir kochen, was uns schmeckt!") den Gast auf Anhieb für sich ein. Glücklich, wer in fußläufiger Nähe lebt.

TIPP Mittwoch bis Montag ist von 16 bis 22 Uhr offen, der Kiosk im Biergarten unter der Woche ab 12 Uhr.

Zum Fischmeister, Seeuferstraße 31, 82541 Münsing, Tel. (0 81 77) 5 33
www.zumfischmeister.com

ÖPNV: Am besten mit Schiff, Auto (nur wenige Parkplätze vorhanden) oder Rad

ZUM FISCHMEISTER

Ein Traum von Garten

51 *Schacky-Park Dießen am Ammersee*

Ein Glücksgarten sondergleichen, Schacky-Park genannt, liegt an Dießens südlichem Ortsrand und ist nach seinem ursprünglichen Besitzer benannt: Ludwig Freiherr von Schacky auf Schönfeld, königlicher Kämmerer und Oberstleutnant a. D. Kaum hatte er Anfang des 19. Jahrhunderts den Liebreiz dieses Fleckchens Ammerseeland entdeckt, kaufte er sich Grund und Boden zusammen. Dort ließ er zu seinem Pläsier den englisch geprägten Landschaftsgarten gestalten, um sommers darin lustwandelnd zu verweilen. Brunnen und Skulpturen reich an Zahl zieren diese verzückende Oase der Stille. Weitläufige Wege mäandern übers Gelände, knorrige Apfelbäume stehen Spalier. Und alte Baumrecken – Eichen, Kastanien, Rotbuchen und mehr – umgeben Grünlandwiesen, Weiher, Teich und leise gluckernde Bachläufe. Nebst Enten-, Boots- und Teehaus findet sich noch die Villa „Diana" im Zaubergarten. Inmitten des Schacky-Parks, gleichsam an seiner höchsten Erhebung, beherrscht ein Monopteros stolz die Szene. Auf seinen acht Säulen wölbt sich das von Patina veredelte Kupferdach, bekrönt mit einer Zirbelnuss. Dazwischen hängt leicht geschwungen ein Baldachin herab, eine Art Vorfahr des modernen Sonnenschirms. Groß gewachsene Besucher können vom Musentempel aus einen Zipfel vom Ammersee erspähen und am Horizont das prachtvolle alpine Gipfelband. Welch ein berauschendes Motiv. Kaum zu glauben, dass der herrliche Landschaftspark vor gut 40 Jahren nur mehr Wald und Wiese war. Nach dem Tod des Hausherrn fiel das verwunschene Kleinod nach einigen Eigentümerwechseln bis 2003 an die Barmherzigen Schwestern, die es für Gemüseanbau und als Kuhweide nutzten, während der englische Garten weiter verfiel. Ein Jahr später wurde der Park aufgeteilt – den westlichen Teil pachtete der örtliche Reit- und Fahrverein, den östlichen der Markt Dießen. Und der 2005 gegründete Förderkreis Schacky-Park Dießen am Ammersee e.V. hat ihn wieder auf Vordermann gebracht und hält ihn seither in Schuss. Welch ein Glück!

TIPP In den Monaten Mai und September finden sonntags am Monopteros musikalische Matineen statt.

Schacky Park, Vogelherdstraße, 86911 Dießen am Ammersee, www.schacky-park.de

ÖPNV: Buslinie 9650 (Weilheim-Dießen), Haltestelle: Rathaus Dießen

Karibische Schärfe

52 *Marie Sharp's an der Seepromenade Herrsching*

Neben der kunterbunten Strandbar „Bayrische Brandung“ an Herrschings Seepromenade, die man von der Summerstraße 18 aus neben einem tropisch bunten VW-Bully durch ein schmales Gässchen erreicht, stößt der abenteuerlustige Flaneur unerwartet auf einen besonderen kulinarischen Schatz aus Belize, einem kleinen Staat Zentralamerikas. Bei den im Wind flatternden Regenbogen- und Sea-Shepherd-Fahnen steht grün umrankt ein Holzträger wie angeschwemmtes Strandgut auf einem einfachen Tisch. Darin kleine Flaschen, randvoll mit scharfem karibischem Glück: den legendären Habanero-Chilisaucen von Marie Sharp's – sehr delikat und aus reiner Natur. Wer sie probiert, seien es auch nur wenige Tropfen auf einem Tortilla-Chip, steht gleich in Flammen. Ganze 15 Sorten umfasst aktuell das Sortiment, dessen Schärfegrad von mild bis extrem reicht, was sich in den einladenden, aber auch mahnenden Namen spiegelt: Das feurig-fruchtige „Grapefruit Pulp“ etwa kommt exotisch daher, während „Hot“, die erste Sauce von Marie Sharp, hält, was sie verspricht. Und für erklärte Schärfefreaks ist „Beware“ zur Stelle. Um das Geschmacksspektrum mit Musik zu vergleichen: „Hot“ ist Hard Rock, „Beware“ Heavy Metal. Hinter den „Proud Products of Belize“ steht die inzwischen 80-jährige Marie Sharp, Belizes erfolgreichste Geschäftsfrau. Die aus einfachsten Verhältnissen stammende Frau hat binnen vier Dekaden einen Familienbetrieb aufgebaut, der ihre Saucen in die ganze Welt exportiert. Ihr Generalimporteur für Europa ist Jürgen Rahm, ein Weltenbummler, der selbst 20 Jahre in Belize gelebt hat, wo er Marie Sharp und ihre Saucen kennen- und schätzen lernte. Von seiner Wohnung aus, die zugleich Stammsitz von Marie Sharp's Germany ist, hat er den von ihm bestückten Tisch an der Seepromenade im Blick, auf dem die karibische Schärfe auf Kundschaft wartet. Selbstzahler können sich dort bedienen, ansonsten sind die Saucen im Chilifachhandel und natürlich im Onlineshop zu haben. Eine wirklich scharfe Sache!

TIPP

Die vom Demotivationstrainer Miene Gruber geführte Strandbar „Bayrische Brandung“ ist ein Knaller.

Marie Sharp's, Summerstraße 18, 82211 Herrsching am Ammersee, Tel: (0 81 52) 9 83 39 40, www.marie-sharp.de

ÖPNV: Buslinie 951, Haltestelle Herrsching, Dampfersteg

hilisaucen aus der Karib
MARIE SHARP'S
HURTS SO GOOD
HURTS so GOOD
ALL NATURAL

Spektakuläres Idyll

53 *Kirche Mariä Himmelfahrt in Jenhausen*

Zwischen Seeshaupt, dem malerisch gelegenen Erholungsort am Südende des Starnberger Sees, und der Stadt Weilheim, einem der wichtigsten Orte des Pfaffenwinkels im bayerischen Oberland, liegt das kleine Kirchdorf Jenhausen. Gerade einmal neun Anwesen zählte es zu Beginn des 19. Jahrhunderts, gegenwärtig sind es drei Dutzend. Dennoch macht das Haufendorf bis heute einen sehr überschaubaren Eindruck, auch seinen historischen bäuerlichen Charakter hat es glücklicherweise behalten. Die schmale s-förmige Ortsdurchfahrt ist überwiegend von Hausgärten flankiert, die von traditionellen Staketenzäunen gesäumt und mit ebenso farben- wie artenreichen Bauerngärten sowie heimischen Heckengehölzen bepflanzt sind. Kurzum, Jenhausen ist ein Idyll, wie es im Buche steht. Doch seine wahre Schönheit erschließt sich nur vor Ort, weil dieser – umgeben von lauter Drumlins (längliche tropfenförmige Hügel als ein Erbe eiszeitlicher Gletscherzungen) – sich in einer Tallage zu verstecken scheint. Wäre da nicht die auf einem dieser kleinen Höhenrücken südwestlich des Ortskerns ruhende, weithin sichtbare und unter Denkmalschutz stehende Kirche Mariä Himmelfahrt. Mit ihrem ummauerten Kirchhof schwebt das um 1730 errichtete Gebäude mit dem weiß verputzten Saalbau, der angefügten Sakristei und dem Dachreiter samt Zwiebelhaube über dem lieblichen Ort wie ein frei stehender Leuchtturm, der dem Umland signalisiert: „Kommet zuhauf, hier gibts Herrliches zu sehen!" Denn das pittoreske Dörflein ist wahrlich ein vollmundiger Augenschmaus, der den Besucher selig macht. Doch damit nicht genug: Das erhöht liegende Kirchengelände erweist sich als kraftvoller Ort, der die Seele mit Glücksmomenten speist. Bei guter Sicht genießt man dort oben eine atemberaubende Landschafts- und Bergkulisse. Und wenn es föhnt, sieht es danach aus, als höben sich die etwa 50 Kilometer entfernten mächtigen Alpen unmittelbar hinterm Ortsrand von Jenhausen in den Himmel empor.

TIPP

Sehenswert ist Jenhausen 5, ein ehemaliges Kleinbauernhaus, dessen Kern aus dem 18. Jh. stammt.

Kirche Mariä Himmelfahrt, Jenhausen 14, 82402 Seeshaupt
ÖPNV: Linie 9655, Haltestelle Jenhause

Idyllisches Kraftpaket

54 *Schlossgut Oberambach am Starnberger See*

Als Johann Wolfgang von Goethe eines seiner schönsten Liebesgedichte mit der Zeile „Glücklich allein ist die Seele, die liebt" ausklingen ließ, hat er das Objekt seiner Liebe nicht näher benannt. Für manchen mag das malerische Schlossgut Oberambach in der Gemeinde Münsing ein solches sein. Die ungewöhnliche Architektur mit ihren vielen verschachtelten Elementen – vom doppelgeschossigen barockisierenden Mansardwalmdachbau mit Altane über den Zwiebelturm mit vorgelagerter Dachterrasse bis zu ritterlich anmutenden grün-weiß gemusterten Fensterläden. Das 4-Sterne-Bio-Hotel ist von enormer ästhetischer Ausstrahlungskraft, eingebettet in ein landschaftliches Idyll, das sich aus Wiesen, Wald und noch mehr Wald speist. Dazu ein eigener Strand am Starnberger See und lieblicher Naturbadeteich im parkgleichen Garten samt Rundbrunnen. Mit Alpenpanorama und Seeblick als Sahnehäubchen. Wer sich möglichst naturnah nach erholsamer Ruhe und wohltuender Stille sehnt, der kommt hier oben auf seine Kosten. Mehr noch: In den vierzig baubiologisch sanierten und ökologisch sowie individuell gestalteten Zimmern kann man sogar den Elektrosmog minimieren. Und wer mag, wellnesst in Sauna, Dampfbad und Erlebnisdusche nach Lust und Laune und tut dem Körper Gutes mit Shiatsu, Yoga, Basenfasten, Hot-Stone, Edelsteinöl- und hawaiianischen Massagen. Kulinarisch lässt das Schlossgut ebenfalls keine Wünsche offen: Frisch, regional, saisonal und 100 Prozent Bio lautet das Motto der Küche mit täglich wechselnden Speisen. Im Restaurant Roseninsel mit Wintergarten wird serviert, es gibt auch noch den Kraft-Biergarten im grünen Winkel bei der Remise, das Schlosscafé mit Terrasse und eine Jazzlounge. Das Schlossgut Oberambach ist ein Familienbetrieb, man spürt es an allen Ecken. Hier führen Leidenschaft und Engagement Regie. Glücklich, wer dort verweilt und bei untergehender Sonne die aufgehenden Sterne erlebt – egal, ob im Frühling, Sommer, Herbst oder Winter.

TIPP Jeden Sonntag kredenzt die Gutsküche mittags und abends einen leckeren Braten. Nur mit Reservierung.

Schlossgut Oberambach Oberambach 1, 82541 Münsing, Tel. (0 81 77) 93 23
www.schlossgut.de
ÖPNV: Buslinie 373, Haltestelle Ambach Süd

Beseelende Weite

55 *Aussichtsbank am Seeuferweg am Wörthsee*

Am nördlichsten Punkt des Wörthsees, genau dort, wo der zunächst noch schmale Seeuferweg an der Wörthseestraße mit der kleinen Badewiese seinen Ausgang nimmt, befindet sich im Schatten einiger Bäume eine schlichte Parkbank, die eine ordentliche Portion Glück verspricht. Sobald man sich auf ihr niederlässt, umfängt einen ein wohlig-warmes Gefühl des Angekommenseins. Umgeben vom saftig-grünen Rasenwinkel quert ein feinkieseliger Pfad, der hier parallel zum Wasser verläuft. Derweil beseelt den Betrachter die sich südwestlich öffnende Weite des von Zuläufen und Grundwasser gespeisten Wörthsees. Bei vollkommener Windstille und strahlendem Sonnenschein liegt er wie ein bläulich-grün schimmernder Spiegelteppich vor einem ausgerollt darnieder. Lediglich durch ein nahezu geschlossenes Baumband, aus dem sich einzelne Hausdächer sanft erheben, vom greifbaren Horizont getrennt. Der die Uferlinie ablaufende Blick fängt ein grandioses Naturschauspiel ein, das den Zuschauer dennoch bei Bachern am Wörthsee – interessanterweise ein Ortsteil von Inning am Ammersee – regelrecht täuscht. Die durch einen nur knapp zehn Meter schmalen Durchlass vom Festland getrennte kleine, dicht bewaldete Mausinsel ist von der Parkbank aus nicht als Eiland zu erkennen. Ohnehin ist sie im Privatbesitz und daher öffentlich nicht zugänglich. Der 3,7 Kilometer lange, 1000 Meter breite und bis zu 34 Meter tiefe See gilt als einer der saubersten Voralpenseen in ganz Oberbayern. Überzeugender und einladender kann keine Botschaft in den Ohren von Badenixen, Seeteufeln und Wasserfröschen klingen, die man im Sommer nicht zweimal bitten muss, um dem kühlenden Nass einen erfrischenden Besuch abzustatten. Da aber nicht nur Einheimische, sondern auch Tagesgäste das ebenso kleine wie feine Plätzchen überaus zu schätzen wissen, empfehlen sich Stipp- und Genussvisiten in den frühen Morgenstunden oder dann, wenn sich die Abendsonne anschickt, ihren täglichen Untergang ganz langsam zu zelebrieren.

TIPP

Gleich neben der Parkbank steht eine offene Bücherbox mit Lesestoff, die keine Schlusszeiten kennt.

Walchstadt, Wörthseestraße/Ecke Maistraße, 82237 Wörthsee
ÖPNV: Bus 928, Haltestelle Walchstadt Seeblick

Zünftige Speiskammer

56 *Gasthof „Oberer Wirt zum Queri" in Frieding*

Wer bayerische Geselligkeit und Lebensart, hochwertiges Qualitätsfleisch von artgerecht gehaltenen Rindern und Schriftsteller mit einer gehörigen Portion Lokalkolorit schätzt, ist beim Gasthof „Oberer Wirt zum Queri" im Andechser Ortsteil Frieding goldrichtig. Hier, wo vor über 140 Jahren die Wiege des bayerischen Heimatdichters Georg Queri stand, geht es so urgemütlich und geradezu „kraftbayrisch" zu (so der Titel eines seiner Bücher, das 1912 in aller Munde war und mächtig Staub aufwirbelte), dass man sein Platzerl am liebsten nie mehr hergeben möchte. Das Gasthaus blickt auf eine sehr lange und wechselhafte Geschichte zurück, die erst zur Ruhe kam, als es im Schoß der Familie Bauer landete. Dass die neuen Eigentümer ganz in der Nähe seit Jahren eine Bio-Angus-Mutterkuh-Haltung betreiben, passte hervorragend und mittlerweile gehört sogar noch eine eigene Hofschlachtung dazu. Doch zunächst krempelte Familie Bauer das Gebäude mächtig um und feierte schließlich am 1. September 1997 mit dem neuen „Oberer Wirt zum Queri" fröhliche Urständ – nun als Traditions-Landgasthof mit Hotel und einem zünftigen Biergarten mit Kastanienbestand, wie es sich für ein in diesen Breitengraden typisches Wirtshaus gehört. Bei milden Temperaturen kann man sich darin mit Schmankerln kulinarisch verwöhnen lassen: Das Spektrum reicht vom ofenfrischen Schweinsbraten und Rinderschmorbraten vom Bio-Angus-Weideochsen über eine schöne Auswahl von Queri´s Bauerngartensalaten bis zum fangfrischen Saibling und zur gebratenen Bauernente. Die Gemüse kommen natürlich frisch vom Markt. Sinken die Außentemperaturen, heißen den Gast historische Stuben mit altbayerischem Ambiente willkommen. Und wer sich nach dem Spirit des Namensgebers sehnt, kommt in der überaus heimeligen QueriStube auf seine kulturellen Kosten. Darin sind viele Erinnerungsstücke zu sehen, die vom Dichter stammen. Ohnehin führt an ihm kein Weg vorbei, denn er sitzt als Plastik gleich vorm Eingang, freilich mit einem Buch in der Hand.

TIPP

Im zugehörigen Gewölbekeller („Friedinger Gewölb") lässt es sich wunderbar feiern.

Oberer Wirt zum Queri, Georg-Queri-Ring 9, 82346 Andechs Frieding, Tel. (0 81 52) 9 18 30
www.queri.de

ÖPNV: Linie 928 (Kloster Andechs-Walchstadt), Haltestelle Frieding; Linie 950 (Starnberg-Herrsching), Haltestelle Frieding

Gasthof Oberer Wirt zum Queri

Wilde Partys, karges Leben

57 *Das Museum Starnberger See*

Wer etwas über das Leben und Treiben am Starnberger See der letzten Jahrhunderte erfahren will, ist mit einem Besuch des gleichnamigen Museums bestens beraten. Denn der zwischen Bahndamm und Possenhofener Straße liegende beeindruckende Gebäudekomplex hat viele Storys über Land und Leute zu erzählen. Die 1914 von Bayerns letztem König als Heimatmuseum gegründete Einrichtung besteht heute aus zwei Teilen. Die könnten unterschiedlicher nicht sein und schlagen doch eine Brücke über die ausgestellten Zeitläufte hinweg. Im jüngsten, ganz modernen Museumstrakt, der 2008 als Neubau hinzukam, steht der Starnberger See mit seinem Vergnügungsrepertoire im Ausstellungsmittelpunkt. Zu sehen ist dort beispielsweise das letzte vollständig erhaltene Prunkschiff der Wittelsbacher Flotte, die einst auf dem Starnberger See Wellen schlug. Aus aller Herren Länder luden die bayerischen Herrscher Adelige zu sich ein und schmissen auf dem See wilde Bootspartys. Auch auf der „Bucentaur", erbaut zwischen 1662 und 1664 und mit 29 Metern das größte Ruderschiff auf deutschen Gewässern. Der teils vergoldete, teils in Weiß und Blau gehaltene Zweimaster war zudem ein flotter Segler. Über das 1:20-Modell der Prunkgaleere kann man vor Ort nur ungläubig staunen. Ein ganz anderes Bild, das eines harten und mühseligen Lebens der hiesigen Fischer und Bauersleute, zeichnen dagegen die Exponate im denkmalgeschützten Lochmannhaus. Das älteste Blockhaus der Region, von einem idyllischen Obstgarten umgeben, stammt aus dem frühen 16. Jahrhundert und steht noch an derselben Stelle wie anno dazumal. Es gehörte einer wohlhabenden Familie, die sommers in der oberen Etage wohnte, derweil der Pächter im Untergeschoss lebte. Beide Lebenswelten kann man in Ruhe betrachten, ein unvergesslicher Gegensatz: oben eine atemraubend schöne gotische Vertäfelung, unten die offene Feuerstelle, auf der das karge Mahl gekocht wurde. Das Lochmannhaus ist ein Volltreffer für den Besucher und fürs Museum ein Glücksfall.

TIPP Im Museumscafé im Foyer kann man das Gesehene noch einmal entspannt Revue passieren lassen.

Museum Starnberger See, Possenhofener Straße 5, 82319 Starnberg, Tel. (0 81 51) 4 47 75 70
www.starnberg.de/kultur-freizeit/museum-starnberger-see
ÖPNV: Buslinie 964 (Wieling-Starnberg), Haltestelle Museum Starnberger See

Ganz schön bewegend

58 *Votivkapelle bei Berg am Starnberger See*

Als der Starnberger See noch Würmsee hieß (bis 1962) und der Tourismus in der zweiten Hälfte des 19. Jahrhunderts dank Linienschifffahrt und Bahnverbindung langsam begann, herrschte Ludwig II. übers Bayernland (1864–1886). Ein schräger Vogel, exzentrisch bis zum Gehtnichtmehr, Wagnerfreak und ein eifriger Bauherr vor dem Herrn, welcher der Nachwelt fantastische Schlösser wie Neuschwanstein und Linderhof hinterließ. Sein Leben endete unter mysteriösen Umständen, die bis heute die Gerüchteküche befeuern. Doch was des einen Leid, ist des anderen Glück. So kann man im ehemals weitläufigen Park von Schloss Berg die zu seinen Ehren errichtete und 1900 eingeweihte Votivkapelle besichtigen. Sie liegt oberhalb der Stelle im See, wo man die Leiche des „Kini" am Pfingstsonntag des Jahres 1886 fand: mit einem schlichten Holzkreuz im flachen Uferbereich markiert. Die Gedächtniskirche ist 32 Meter hoch, ein achteckiger Kuppelbau, dessen Decke wunderschöne Freskomalerei zeigt: einen dunkelblauen Himmel mit leuchtenden Sternen übersät, Maria unter Palmen und viele Details mehr. Zu Füßen der Kapelle ragt – vor den beiden mächtigen Treppen – die von der Königinmutter gestiftete frei stehende Totenleuchte mit acht Leuchtfenstern empor, die die ersten zehn Jahre einzig und allein an den vom Volk wie ein Popstar verehrten König erinnerte. Trotz dieses tragischen Hintergrunds ist diese Anlage ein wunderschöner Platz, der friedlich und beruhigend auf den Besucher wirkt, aber auch spürbar bewegt. Nur wenn der Todestag des einstigen Regenten am 13. Juni naht, ist hier mächtig was los. Dann findet an der Votivkapelle eine feierliche Gedenkmesse statt. Dort geben sich festlich gekleidete „Königstreue" mit reichlich blauen Fahnen, die ihren „Kini" als Motiv tragen, ein würdiges Stelldichein. An solchen Tagen ist die Kapelle auch mal ganz geöffnet. Ansonsten kommt man von April bis Oktober von 9 bis 17 Uhr nur bis zu einem Gitter hinter dem Eingang, sieht aber trotzdem die ganze Pracht.

Votivkapelle, im ehemaligen Schlosspark, 82335 Berg
ÖPNV: Buslinie 975, Haltestelle Grafstraße, Berg (von dort ca. 15 Gehminuten)

Regionales ist Trumpf

59 *Hofladen mit Café in Bernried*

Manchmal versteckt sich Glück in einem Gewölbe. In dem kleinen Hofladen mit angeschlossenem Café ist das zweifelsfrei der Fall. Seit 2017 betreibt Gabriele Schuller ihr einladendes Geschäft im Hofgut Bernried, ehemals ein Meierhof, der das benachbarte Augustinerherrenstift mit landwirtschaftlichen Produkten versorgte. Eine imposante Vierflügelanlage mit bemerkenswerten Freskomalereien an der südlichen Fassade und meterhohen schmiedeeisernen Toren. Durch eines davon betritt man von der Tutzinger Straße aus die sonnenverwöhnte Terrasse auf dem knirschenden Kiesbett. Unter roten Sonnenschirmen hindurch und über bestuhlte Tische hinweg geht der Blick in einen gepflegten Privatgarten, eingebettet von Bäumen, Thujenbüschen und Hecken samt Bänken und Brunnenwasserspiel. Eine schöne Kulisse für ein Haferl Dinzler Kaffee und ein Stück vom selbst gebackenen Obstkuchen. Im weiß getünchten Hofladen unter gewölbter Decke mit gefensterten Sitznischen findet man eine erlesene Auswahl lukullischer Genüsse. Dabei legt Gabi Schuller „großen Wert auf regionale und qualitativ hochwertige Produkte, die einfach gut schmecken, weil sie aus natürlichen Zutaten hergestellt sind". Dementsprechend zeigt sich ihr Sortiment. Die selbst gemachten Nudeln etwa mit den heimatverbundenen Namen Starnberger See Wellen, Bernrieder Schneckerl oder Bayerische Stangerl. Und die vom Hofgut Bernried, Tölzer Kasladen und von der Naturkäserei TegernseerLand stammenden Käse – wie die schmecken! Jung, mild und buttrig, etwas reifer würzig und pikant. Auch das Bernrieder Trio aus Honig, Räucherfisch und Clement Schokolade ist im Ort erzeugt. Die Getreide und Mehle der bekannten Off-Mühle sind natürlich gentechnikfrei und ohne Zusatzstoffe, das köstliche Eis aus der Weilheimer Leveni Eismanufaktur ist selbst gemacht, der Slyrs Whiskey am Schliersee destilliert und in Barrique-Fässern gereift. Bis hin zu verschiedenen Essigen, Ölen und Likören zum Abfüllen – wer gern kocht und genießt, findet hier die feinsten Zutaten dazu.

TIPP Wer so tief im Süden Heimweh nach dem Norden hat: Im Hofladen gibts auch dänisches Mynte-Geschirr.

Bernrieder Hofladen, Tutzinger Straße 12 d, 82347 Bernried, Tel. (0 81 58) 9 04 87 77
www.bernrieder-hofladen.de

ÖPNV: Bus 9614 (ab Tutzing Richtung Penzberg), Haltestelle Abzweig Bahnhof Bernried

SLYRS
SLYRS
SLYRS
€7,90

Leinen los!

60 *Strandbad & Bootsverleih Raabe am Wörthsee*

Wenn die Sonne über dem glatten Wasserspiegel am Wörthsee aufgegangen ist, der Himmel klar und hell strahlt und die frische Luft schon in den Morgenstunden nach draußen lockt, dann ist es an der Zeit für ein Glücksabenteuer in einem Boot. Und davon gibt es reichlich im Strandbad & Bootsverleih Raabe am Ostufer des Wörthsees, einem der schönsten und saubersten bayerischen Badeseen, dessen Wasser sich nur circa alle acht Jahre erneuert. Pächterin Sabine Wildenblanck und ihr Team jedenfalls halten Boote in allen Variationen vor, vom Elektro- übers Tret- bis zum Ruderboot sind alle dabei, Stand-up-Paddles und Sit-on-Top-Kajaks auch. Farbenreich liegen sie am Strand oder schaukeln, befestigt am Steg, auf dem Wasser und harren ihrer Freizeitkapitäne. Frühestens um 10 Uhr heißt es dann „Leinen los! Wir stechen in See!“ Auf einer Länge von 3,7 und einer Breite von 1,2 Kilometern kann man sich auf dem Wörthsee nach Kräften, Lust und Laune vergnügen. Ein (von den Beatles besungenes) Yellow Submarine steht zwar nicht auf dem Verleihprogramm, das aber aus gutem Grund: Bereits bei einer Tiefe von 34 Metern wäre beim Tauchgang Schluss. Aber auch ohne U-Boot kommt man auf diesem herrlichen See auf seine an Glücksmomenten reichen Kosten. So rudert, tritt oder paddelt man fröhlich-gelassen und in aller selbstbestimmten Ruh auf dem türkisblauen idyllischen Meer gen Süden dahin. Dabei wird die kleine, vielen auch als Mausinsel bekannte Insel Wörth umrundet, welcher der See seinen Namen verdankt. Oder man lässt – fernab der umlaufenden Uferstreifen – Wind und Strömung freien Lauf und sich einfach treiben. Nach der entspannenden Bootsabenteuertour lockt bei schönstem Wetter und in herrlichster Natur schließlich noch ein wohltuendes Erfrischungsbad. Auch dazu lädt Raabes Strandbad ein: mit seinem nostalgischen Badehaus aus dem Jahr 1913, den rund 50 Umkleidekabinen, den Liegepodien und Liegewiese sowie einem Kiosk mit Eis und Snacks. Oh, Wörthsee, you make my day!

TIPP

Eine Seefahrt, die macht hungrig: Nebenan lockt das Seehaus Raabe mit Café, Restaurant und Seeblick.

Strandbad & Bootsverleih Raabe, Seestr. 97, 82237 Steinebach am Wörthsee, Tel. (01 52) 28 77 90 09, www.strandbadraabe.de

ÖPNV: S-Bahnlinie S5, Haltestelle Steinebach

Im Reich der Figuren

61 *Zinngießerei Babette Schweizer in Dießen*

Die Marktgemeinde Dießen zieht seit Jahrhunderten Künstler in ihren Bann. Vor allem Maler, Komponisten und Dichter zeigen sich immer wieder von dem Kleinod am Ammersee inspiriert und angetan. Aber auch bodenständige Handwerker entfalteten bereits seit dem Mittelalter hier ihre künstlerischen Geschicke. Etwa die ehrwürdigen Kreuzl- und Bettermacher, besser als Kleinzinngießer bekannt. So liegt auch die älteste Kleinzinngießerei der Welt hier in Dießen in der Herrenstraße 17: die Zinngießerei Babette Schweizer. Wer den Hügel zum barocken Marienmünster an farbenfrohen Bürgerhäusern vorbei hinaufschlendert, verweilt meist vor dem im 15. Jahrhundert errichteten Gebäude. An der taubenblauen Fassade mit von Lüftlmalereien umrankten Sprossenfenstern, dem reich verzierten Ausleger direkt über der mit geschnitztem Dekor versehenen Tür und den eisernen Eingangsstufen zu Füßen bleibt jeder Blick hängen. Seit 1796 ist das Gebäude in Familienbesitz und erste Adresse für originale Zinnfiguren. Schon beim Betreten des Geschäftes ist der Besucher sofort begeistert und fühlt sich wie in einer verwunschenen Welt voller filigraner Miniaturen. Wohin das Auge auch blickt, überall Zinnfiguren, teils kunstvoll bemalt, in Regalen, Nischen und Vitrinen. Hier ein Husar auf seinem Pferd, dort ein bayerischer Fähnrich in voller Montur. Nur ein paar gläserne Ablagen weiter grüßt gleich ein ganzer Bauernhof mit Brunnen, Zäunen, Gänsen, Hühnern, Kühen und Mägden – eine mit der Kraxn auf dem Rücken, eine andere mit einer Garbe Stroh auf dem Kopf. Zahlreiche Oldtimer gibt es, außerdem Motorräder – unglaublich viele Modelle, auch uralte. Und wer nach stundenlangem Stöbern in dieser Fülle Appetit verspürt, tut sich im besonderen Ambiente des Zinn-Cafés an hausgemachtem Kuchen gütlich. Und wo bleibt das Glück? Ganz klein und zinnen lauert es hier hinter jeder Ecke.

Zinngießerei Babette Schweizer, Herrenstraße 17, 86911 Dießen am Ammersee, Tel. (0 88 07) 3 50
www.schweizerzinn.de
ÖPNV: Buslinie 9650, Haltestelle Rathaus, Dießen

Bayr. Tänzer
u. Musikanten

Magischer Sundowner

62 *Zum kleinen Seehaus in Münsing*

Warum in die Ferne fliegen, wenn das Strandglück liegt zum Greifen nah? Ohne Schmarrn – karibisches Flair kann man auch in hiesigen Gefilden tanken. Das Fünfseenland hat eine Vielzahl einladender Badeplätze zu bieten. Da aber waschechten Beach Boys und Girls das Strandherz erst überläuft, wenn von der Sonne erwärmter Sand durch ihre Zehen rinnt, gibt es eigentlich nur ein Ziel: das kleine Seehaus mit seiner Beach Bar und eigenem Steg. Auf diese etwas versteckt liegende Strandperle mit überzeugendem Bacardi-Feeling und Summer Dreamin' stößt man unmittelbar am Starnberger See nahe dem Kirchdorf St. Heinrich – im letzten Jahrhundert war dieses kleine exotische Paradies zeitweise unter dem trefflichen Namen Robinson-Insel bekannt. Auf dem riesigen Gelände am Karniffelbach, das zum Landschaftsschutzgebiet „Ostufer Starnberger See" zählt, befinden sich flächige Liegewiesen, Schatten werfende Bäume und besagter Sandstrand. Dort steht man auch schon vor der Qual der Wahl: Entweder man geht in das mit viel Liebe eingerichtete Wohlfühlrestaurant (nebst Terrasse mit Selbstbedienung) und lässt sich mit gutem Essen und erlesenem Wein verwöhnen (wegen der beschränkten Plätze im Lokal empfiehlt es sich, zu reservieren). Oder man bevorzugt eine locker-flockige Strandatmosphäre, dann kommt nichts anderes als die Beach Bar infrage, in der man kleinere Speisen wie Burger, Bouillabaisse und asiatische Gerichte erhält. Natürlich kann man auch nur im Liegestuhl – mit traumhaftem See- und Alpenblick und eisgekühltem Hugo in der Hand – zu leisen Musikklängen einen Glücksmoment nach dem anderen erleben. Und zwischendurch springt man mal eben ins erfrischende Wasser. Hier kann man jedenfalls auf herrlichste und entspannteste Weise einen ganzen Sommertag verdösen. Aber auch im Herbst geizt das pittoreske Fleckchen mit seinen Reizen nicht. Mehr kann die Karibik nicht bieten!

TIPP Die Beach Bar ist am Wochenende ab 10.30 Uhr offen, wochentags die Öffnungszeit telefonisch erfragen.

Zum kleinen Seehaus, Buchscharnstraße 11, 82541 Münsing, Tel. (0 88 01) 5 50
www.kleines-seehaus.de
ÖPNV: Buslinie 373, Haltestelle Pischetsried, Badeplatz

ESS BAR
CHEVROLET

63 *Gemeindegalerie Weßling im Alten Rathaus*

Wer sich dem 1871/72 ursprünglich als Schulhaus errichteten Gebäude der heutigen Gemeindegalerie Weßling mit der sonnengelben Fassade und den himmelblauen Fensterläden von hinten nähert, kann es buchstäblich spüren. Sobald man das Anwesen über den liebevoll angelegten Garten mit grandiosem Seeblick betritt, ist man augenblicklich in einer Welt längst vergangener Tage. Nur zu verständlich, wenn sich nun vorm inneren Auge Bilder vom idyllischen Landleben aus Astrid Lindgrens Bullerbü einstellen. Malerisch ist das Ambiente außen wie innen. Gleich im Erdgeschoss, wo sich einst die Lehrerwohnung befand, trifft man auf Bilder aus den letzten 200 Jahren, die überwiegend das Dorf Weßling und seine Landschaft so farbenfroh wie naturnah zeigen. Vor allem Kunstwerke ehemaliger Weßlinger Künstler sind ausgestellt sowie einige ihrer Utensilien: ein Gefäß voller Pinsel etwa mit Namensschildern personalisiert oder eine Sammlung von Gehstöcken, deren Knauf die Künstlerhand trug. Die damaligen Maler sagen zwar nur Kunstkennern etwas, ihre faszinierenden Gemälde sind jedoch visuelle Zeugen der hiesigen Ortsgeschichte, in die der Galeriebesucher geradezu eintauchen kann. Kostenlosen Einlass in diese wunderbare Schatzkammer gewährt freitags und sonntags zwischen 14 und 17 Uhr der Ortsarchivar, Sammler und Kurator Erich Rüba, ein profunder und leidenschaftlicher Kenner der lokalen Malertradition. Ohne ihn würde es die Gemeindegalerie nicht geben: 2015 überzeugte er die Gemeinde mit seinem Galeriekonzept, als es darum ging, die Räumlichkeiten des alten Schulhauses, das später auch einige Jahrzehnte lang Sitz des Rathauses war, neu zu beleben. Fast sämtliche Ausstellungsstücke entstammen seinem Privatbesitz. Und wenn Erich Rüba dann noch verrät, dass Auguste Renoir, einer der bedeutendsten französischen Maler des Impressionismus, einmal mit seiner Familie in der heutigen Galerie gewohnt hat, ist das Glück an diesem Ort vollkommen.

Gemeindegalerie Weßling, Hauptstraße 57, 82234 Weßling, Tel. (0 81 53) 40 40

ÖPNV: S8 (München-Herrsching), Haltestelle Weßling; Buslinien 921, 923, 947 und 955, Haltestelle Weßling

57

Schmuckstück am See

64 *Freier Seezugang neben dem Hotel Schloss Berg*

Die Gemeinde Berg am Starnberger See hat großes Glück. Spätestens seit dem Sommer 2020 ist ihr das sicher bewusst. Denn vor Jahren formierte sich aus ihrer Mitte heraus eine politische Gruppe, die sich von Anfang an „Quer. Unabhängig. Heimatverbunden." auf die Fahnen schrieb und seit 2008 als QUH im Gemeinderat Platz genommen hat, wo sie momentan mit vier von 20 Sitzen als zweitstärkste Fraktion im Bürgerinteresse agiert. Dank dieser bunten Truppe kam es nach mehrjährigem Ringen zum historischen Berger Mauerfall, wie Insider den Vorgang mit einem zwinkernden Auge nennen. Ein Glücksfall, von dem nicht nur die Einheimischen profitieren, sondern genauso Tages-, Wochen- und Dauergäste. Seither hat die Gemeinde am Ostufer des Starnberger Sees endlich einen eigenen öffentlichen Zugang zur größten Badewanne der Münchner, wie der See in der Gegend auch heißt. Und das ist toll oder in bayerischer Mundart: Des is schee! Der lang ersehnte Seezugang findet sich in direkter Nachbarschaft zum Hotel Schloss Berg am Ölschlag 9, jenes Haus mit dem Schiffsanleger gleich nebenan, von dem aus man nach Starnberg und Leoni ablegen kann. Wo sich früher ein gewöhnlicher Rasen mit einigem Baumbestand zum Seeufer neigte, dessen Gefälle an einer nackten Betonmauer mit einem schmucklosen Metallrohrgeländer mit Handlauf und Knieleiste jäh endete, während das Wasser einen halben Meter tiefer gegen die schroffe Absturzkante klatschte, sieht es nun ganz anders aus. Nun erreicht man den See über einen naturnahen Abstieg, wie es in der Fachsprache heißt, der mit massiven Natursteinen seine neue Uferlinie zieht und mit blühenden Pflanzen bewachsen ist. Eine wunderschöne öffentliche Oase, die viel Ruhe verheißt und die Menschen zum Relaxen verführt – und natürlich zum Baden. Zwar ist dieses herrliche Plätzchen nicht ausdrücklich als Badegelände ausgewiesen, gleichwohl ist das Badevergnügen uneingeschränkt erlaubt. Kurzum: Der Berger Seezugang ist ein rundum gelungener Coup, von dem Einheimische und Gäste profitieren.

TIPP Auf der Sonnenterrasse und im Biergarten vom Hotel Schloss Berg kann man sich verwöhnen lassen.

Seezugang neben Hotel Schloss Berg, Ölschlag 9, 82335 Berg am Starnberger See
ÖPNV: Buslinie 961 (Starnberg-Ammerland), Haltestelle Grafstraße, Berg

Auf Tuchfühlung mit Sisi

65 *Kaiserin Elisabeth Museum in Pöcking*

Wer seinen Fuß auf den Vorplatz des historischen Bahnhofs Possenhofen setzt – zwischen Infotafeln über die Gemeinde Pöcking auf der einen und einem Kiosk auf der anderen Seite – sieht sich ihr unmittelbar gegenüber. Überlebensgroß, würdevoll und bronzeschwer steht sie auf dem Rondell. Von schlanker hoher Gestalt, mit wundervollem Haar und einem Strauß duftender Rosen in der Hand: Kaiserin Elisabeth, besser als „Sisi" bekannt, die man übrigens ausschließlich in den allweihnachtlich wiederholten Kino-Kassenschlagern der 50er-Jahre mit zwei „s" im Namen schrieb, „Sissi – Die junge Kaiserin" und „Sissi – Schicksalsjahre einer Kaiserin". Die anmutige Skulptur stammt vom Pöckinger Bildhauer Jozek Nowak und lenkt den Besucher zum Kaiserin Elisabeth Museum: Im Königssalon des historischen Bahnhofs erhält man einen beeindruckenden Überblick über das Leben der Kaiserin von Österreich und Königin von Ungarn. Angefangen von ihrer Kindheit in Possenhofen, über ihre Glanzzeit als Monarchin bis zu ihrem tragischen Tod am Genfer See. Dabei ist der ehemals königliche Bahnhof allein von außen betrachtet schon ein kurioses Kleinod, vor dem man mit großen Augen die harmonische Gestaltung detailliert in sich aufnimmt. Alles wirkt wie aus einem vertrauten Bilderbuch, das von den guten, alten Tagen handelt. Sisi selbst, die als eine der schönsten Frauen ihrer Zeit galt, beglückte diesen Ort erstmals im Juli 1869, vier Jahre nach der offiziellen Einweihung der Bahnstrecke Starnberg–Penzberg mit den baugleichen Bahnhöfen in Possenhofen und Feldafing. Im eigenen Salonwagen reiste sie an, durchschritt den herrschaftlichen Wartesaal – an den Wänden Seidentapeten in königlichem Blau und Gold, farbenfrohe Medaillons schmückten die Decke – und fuhr mit der Kutsche ins nahe Schloss Possenhofen. In dem hatte Elisabeth als Kind mit ihrer Familie die Sommermonate verbracht. Das alles ist im Museum zum Greifen nah – wunderbar!

TIPP Auf dem Elisabethweg, einem kulturhistorischen Rundweg, wandelt man auf Sisis Spuren.

Kaiserin Elisabeth Museum, Schlossberg 2, 82343 Pöcking, Tel. (0 81 57) 92 59 32
www.kaiserin-elisabeth-museum-ev.de
ÖPNV: S6 (München–Tutzing), Haltestelle Bahnhof Possenhofen

Schönheit am Ufer

66 *Teehaus im Bernrieder Park*

Der Bernrieder Park, den die Gemeinde der reichen Erbin Wilhelmina Busch-Woods verdankt, ist ein Schmuckkästchen voller funkelnder Preziosen, die Herz und Seele erfreuen. Doch ein kostbares Juwel strahlt aus der Schatulle besonders lieblich hervor. Und das liegt inmitten des weitgehend unbebauten Geländes am Seeufer im Süden des Parks. Allerdings handelt es sich dabei nicht um ein in Edelmetall gefasstes Geschmeide, sondern um das denkmalgeschützte Teehaus mit bewegter Geschichte. An der Stelle, wo sich wohl einst eine einfache Fischerhütte befand, ließ der bayerische Diplomat Freiherr August von Wendland, der das ehemalige Augustinerkloster mit Schlossgarten und heutigem Park nach der Säkularisation 1852 erwarb, zunächst ein auf Holzpfählen stehendes Landhaus errichten. Das wiederum wurde nach 17 Jahren zu einer kleinen Villa umgebaut – zu einem zweigeschossigen verputzten Quaderbau mit verglaster Panoramafront und flachem Satteldach, ganz im Stil der Neurenaissance, wie es zu jener Zeit Mode war. 1935 kam zunächst eine Blockhütte mit Halbwalmdach als Nebengebäude dazu, und 1950 erhielt der originäre Mittelteil der Villa noch zwei Flügel, die sich harmonisch an den Quader fügten. Damals gehörte dies traumhaft gelegene Kleinod mit eigenem kleinen parkähnlichen Garten und hölzernem Bootssteg längst jener Wilhelmina Busch-Woods, die sich seit ihrer Ankunft in der Gegend um 1911 halb Bernried einverleibt hatte. Ihren ausschweifenden Lebensstil, der ihr den Ruf der „Last Queen of Bavaria“ bescherte, finanzierte der amerikanische Bierkönig und Papa mit schlappen drei Millionen Dollar pro Jahr. Am Ende blieb der Park samt Teehaus der Öffentlichkeit erhalten, was der „Queen“ und ihrer Stiftung zu verdanken ist. Das Teehaus ist übrigens seit Jahren dauerhaft vermietet, darf aber mehrmals im Jahr für Hochzeiten genutzt werden. Will sagen: Wer sich nicht traut, sieht die Schönheit nur von außen – doch allein das ist ein sehr feiner Augenschmaus.

TIPP

Wo im Bernrieder Park der Reitweg auf den Wagnerstadelweg trifft, hat man einen tollen Karwendelblick.

Teehaus im Bernrieder Park, 82347 Bernried
www.bernrieder-park.de
ÖPNV: Bus 9614, Haltestelle Abzweig Bahnhof Bernried

Wahrlich gut und schön

67 *Katholische Pfarrkirche Christkönig in Weßling*

Wenn man es ganz genau nimmt, muss sich die Gemeinde Weßling bei Mutter Natur und der Bahn für ihr markantes Wahrzeichen bedanken, das den Ortskern weithin sichtbar überragt und dem Betrachter ein Lächeln ins Gesicht zaubert: die neue Pfarrkirche Christkönig mit ihrer lang gestreckten Zwiebelhaube, deren Einzigartigkeit aus jedem landläufigen Zwiebelhaubenrahmen fällt. Wie ein vom Himmel hängender dicker fetter Tropfen Honig krönt sie den geweißelten Turm, dass man kaum seine Augen von ihr lassen kann. Zu danken ist dafür, wie gesagt, Mutter Natur. Sie allein schuf die waldreiche und sanfte Hügellandschaft mit dem herzförmigen See, deren Eigenart der Augsburger Architekt Thomas Wechs in seinem einmaligen Haubenwerk zu gleichen Teilen spiegelt und bricht. Dank gilt aber auch der Eisenbahn, die 1903 eine Linie zwischen Pasing und Herrsching eröffnete. Sie bescherte dem Weßlinger Land in der Folge viel Zuzug, sodass es mit den Jahren während des Gottesdienstes – seinerzeit war der sonntägliche Kirchgang der Gläubigen so sicher wie das Amen in der Kirche – und auf dem Friedhof zu eklatanter Platznot kam. Kurzum, eine neue Kirche musste her. Trotz der schwierigen Zeiten. Doch wie man heute deutlich sieht, das Vorhaben wurde durchgeboxt und die neue Kirche am 29. Oktober 1939, also wenige Wochen nach Kriegsbeginn, auf den Namen „Christkönig" geweiht. Und nach und nach gesellten sich noch Pfarrhof und Pfarrsaal hinzu. Doch aus dem ganzen Ensemble ragt vor allem das massive Turmgeviert mit seiner 19 Meter hohen, von rund 30.000 Zedernholzschindeln eingedeckten Haube hervor, die ihre imposante Erscheinung zusätzlich mit einer goldenen Kugel samt Kreuz auf die himmlische Spitze treibt. Aber auch in dem durch acht hohe Fenster lichten Innenraum der Pfarrkirche gibt es viel Schönes, Gutes und Wahres zu sehen. Etwa die große Flachdecke des Saalraums mit den in liebevoller Handwerkskunst mit Ornamenten verzierten Holzbalken. Einfach herrlich!

Katholische Kirche Christkönig, Schulstraße 23, 82234 Weßling
ÖPNV: Linie 921 (Weßling-Herrsching), Haltestelle Weßling

werktags
8-18h
P
werktags
7-18h

Bauliche Harmonie

68 *Rathaus Feldafing mit Wetterhäuschen*

Wer das auf Pöckings Schlossberg stehende Kaiserin Elisabeth Museum bereits kennt und das gut drei Kilometer entfernte Rathaus der Gemeinde Feldafing besucht, hat garantiert ein Déjà-vu. Denn baulich gleichen sich beide Häuser fast bis aufs Haar, nur farblich und funktional weichen sie voneinander ab. Am Bahnhofsvorplatz, der lediglich durch nackten Asphalt und Pflastersteine glänzt, springt das Rathaus einen – vielleicht gerade deshalb – in seiner denkmalgeschützten Lieblichkeit förmlich an: ein zweigeschossiges, von einem Flachwalmdach bedecktes Empfangsgebäude mit unverputzten Backsteinen und einer anspruchsvollen Straßenfassade mit Bausteingliederung und profilierten Gesimsen sowie einer Eingangssäule mit Kapitellen. Nicht zu vergessen die seitlichen Pavillons, die mit Verbindungsflügeln den Bogen zum Haupthaus schlagen. Im Jahr 1865, noch ganz im Stil der Maximilianzeit erbaut, ist es Ausdruck vollkommener Symmetrie und baulicher Harmonie. Selbst wer architektonisch zu den Unerfahrenen zählt, fühlt sich von dieser Baukunst ergriffen. Dabei war es vor einigen Jahren noch ziemlich übel um den einstigen Bahnhof mit Postamt bestellt. Bis zum Ersten Weltkrieg hatte er seine Blüte erlebt, selbst Kaiserin Elisabeth („Sisi") rauschte hier mit der dampfenden Lok im eigenen Salonwagen zur Sommerfrische herein. Doch dann ging es rapide mit ihm bergab, um nach einem kleinen Zwischenhoch in den 70er-Jahren – die S-Bahn kam, die Olympischen Sommerspiele auch – endgültig das Zeitliche zu segnen, als der Ticketschalter schloss. Zu guter Letzt aber schlug die Gemeinde Feldafing zu, sanierte das Gebäude von Grund auf mit einem Sinn fürs Detail und ließ sich darin 2013 mit ihrem Amtssitz nieder. Ein Jahr später stieß noch das Café Max II hinzu, das seither in einem Flügel des Königsbahnhofs residiert. In diesem Ambiente schmeckt das Glasl Wein oder der Haferl Kaffee noch mal so gut!

TIPP Das Wetterhäuschen vorm Rathaus, erbaut um 1915/20, ein Holzaufbau auf Steinsockel mit Jugendstildetails.

Rathaus Feldafing mit Wetterhäuschen, Bahnhofsplatz 1, 82340 Feldafing
www.feldafing.de
ÖPNV: S6 (München-Tutzing), Haltestelle Feldafing

RATHAUS.

Klappernder Horst

69 *Storchendorf Raisting*

Zwischen April und August tritt im beschaulichen Pfarrdorf Raisting, nur fünf Kilometer südlich von Dießen am Ammersee entfernt, ein seltenes Phänomen zutage. In dieser Zeit kann man Einheimische, Tagesgäste, Urlauber und Vogelfreunde in merkwürdiger Haltung durch die schmalen Straßen der 2.400-Seelen-Gemeinde schlendern sehen: den Kopf im Nacken, die Augen dachwärts und die Lauscher auf Empfang. Sie sind auf der Suche nach der Storchenkolonie, die es seit 2004 vermehrt nach Raisting verschlägt. Der Tisch für die Weißstörche, liebevoll auch Klapperstorch genannt, ist in den vielen Feuchtgebieten am Südufer des Sees so reichhaltig gedeckt, dass sie dem kleinen Örtchen seither die Treue halten. Sechs von ihnen fühlen sich hier mittlerweile sogar derart vogelwohl, dass sie ihren alljährlichen Vogelflug ins südliche Winterquartier 2019 gestrichen haben. Groß und erhaben sehen die Tiere aus, wenn sie mit einer Spannweite von rund zwei Metern am Himmel der Bayern, dem „weiß-blauen Prunk-Baldachin der Gemütlichkeit" (Carl Amery), ihre weiten Kreise ziehen. Oder sie stehen im Nest in ihrem weißen Federkleid mit den schwarzen Schwungfedern, den langen rötlichen Beinen und dem nicht minder langen rötlichen Schnabel und peilen die Lage. Sie zu finden, fällt den Storchguckern in Raisting nicht schwer, alle naselang erspäht man dort einen Horst von der Größe eines Schlepperreifens, eng verästelt, dick und rund, ganze 18 Brutplätze waren es 2020. Ab Mai gesellen sich sogar noch einmal rund 50 „Sommerfrischler", genauer: „Übersommerer", dazu, um sich nach Storchenlust und -laune den Bauch artgerecht vollzuschlagen. Die Jungtiere sind übrigens nur zu sehen, wenn sie auf dem Rand des Horstes spazieren gehen. Und wenn dann auch noch Papa und Mama mit Nahrungsmitteln im Anflug sind, ist das Geklapper groß. Spätestens jetzt fliegt einen ein strahlendes Lächeln an, und man erinnert sich, was der Volksmund sagt: Störche bringen nicht nur die Kinder, sondern auch Glück!

TIPP Unweit des Ortskerns befindet sich die Erdfunkstelle Raisting mit ihren riesigen Parabolantennen.

Gasthof Drexl, Pähler Str. 17, 82399 Raisting
ÖPNV: Buslinie 9650 (Utting-Weilheim), Haltestelle Kirche Raisting

Musik liegt in der Luft

70 *Carl-Orff-Museum in Dießen*

Wenn es stimmt, was Wissenschaftler rund um den Globus sagen, dann macht Musikhören glücklich. Demnach löst kaum ein äußerer Reiz beim Menschen derartige Hochgefühle aus. Das wiederum bedeutet im Umkehrschluss, dass Menschen, die in der Lage sind, Musik zu schreiben, nichts anderes als Glücklichmacher sind. Einer dieser begnadeten Zeitgenossen war fraglos Carl Orff (1895–1982), seine Kompositionen berühren bis heute ein Millionenpublikum. Mutmaßlich kennen ihn nur die wenigsten beim Namen, aber seine Melodien haben die meisten im Ohr. Spätestens wenn seine „Carmina Burana" erklingt, macht es klick. Durch die Vertonung hat der Komponist und Musikpädagoge Weltruhm erlangt. Eine genauere Vorstellung vom Künstler kann man sich in Dießen am Ammersee machen: im einzigen Carl-Orff-Museum weltweit. Das kleine Haus, dessen Türen sich 1991 anlässlich Orffs 96. Geburtstag öffneten, steht an der zentral gelegenen Hofmarkstraße, die sich in leichten Kurven den Hügel hinauf Richtung Marienmünster schlängelt. Viele Fotos und Texttafeln führen durch die Ausstellung und sein Leben, sogar Orffs Instrumente darf der Besucher in die Hand nehmen – auf Tuchfühlung mit dem Meister, welch ein Gänsehaut-Feeling! Im Erdgeschoss dreht sich alles um seine Schulzeit, die Anfänge als Komponist und seine letzten Jahre am Ammersee. Natürlich kann man sich dort in aller Ruhe auch sein musikalisches Werk in Ton- und Filmdokumenten zu Gemüte führen – intensives Glücksempfinden inklusive. Jedenfalls bis 2023, danach ist an diesem Ort Schluss, ein neues Orff-Museum mit reichlich Platz für Sonderausstellungen ist bereits in Arbeit: an Orffs ehemaligem Wohnsitz am Ziegelstadel, circa einen Kilometer südlich vom prachtvollen Marienmünster. Dafür erhält das altehrwürdige Anwesen mit seinem denkmalgeschützten Charme einen tonnengewölbten Erweiterungsbau. Am Ende, so der Plan, steht dort ein würdiges und familienfreundliches Museum – mit großem musikpädagogischem Bereich, Café und Sonnenterrasse.

TIPP Mittwochs findet unweit des Museums in der Von-Eichendorff-Straße der Dießener Viktualienmarkt statt.

Carl Orff Museum, Hofmark 3, 86911 Dießen am Ammersee, Tel. (0 88 07) 71 06
www.orff.de

ÖPNV: Buslinie 9650, Haltestelle Rathaus Dießen

Carl Orff Museum

Sehnsucht stillen

71 *Feinkochwerk Eatery in Seefeld-Hechendorf*

Liebe geht durch den Magen – und Glück kommt dabei heraus. Wer meint, nur Bahnhof zu verstehen, wird in der alten Bahnhofshalle in Seefeld-Hechendorf eines Besseren belehrt: im Feinkochwerk Eatery, ein Restaurant mit Tagescafé und für Events. Seine Vergangenheit kann die Location nicht verbergen, der Charme der eigenen Geschichte ist allseits offenbar: Das lang gestreckte Gebäude mit dem flachen Mittelteil liegt zwischen der Bahnhofstraße und den Gleisen, auf denen die S8 zwischen Herrsching und dem Flughafen München verkehrt. Die bei älteren Semestern bekannte bayerische Journalistin und TV-Moderatorin Isabel Mühlfenzl hat den historischen Bahnhof gekauft und damit vor einem unrühmlichen Ende durch eine stählerne Abrissbirne bewahrt. Nach einer radikalen Renovierung, kein Stein blieb im übertragenen Sinne auf dem anderen, erstrahlt er seit Frühjahr 2019 mit der Eatery an Bord in neuem, auch kulinarischem Glanz. Vor allem am Abend, wenn die untergehende Sonne durch die riesigen Rundbogenfenster den meterhohen Innenraum mit der hölzernen Decke und dem tragenden Gebälk in ein romantisches Licht taucht, ist man ganz hin und weg. Und sitzt man am liebevoll eingedeckten Tisch, während die S-Bahnen routiniert ein- und ausrollen, spürt man an diesem zwischen Fern- und Heimweh angesiedelten Ort eine Sehnsucht in sich aufkeimen, die das Gastronomenpaar mit ihrer modernen Küche lukullisch stillt. Entsprechend weltoffen und zugleich regional präsentiert sich dem Gast ihre Speisekarte. Das Boeuf au Fondant etwa stammt vom Thomahof im nahen Tölzerland, der Fisch aus den fünf Seen vor der Tür, und alle verwendeten Produkte sind, soweit möglich, Bio. Natürlich gibt es hier auch Kaffee- und Teespezialitäten sowie leckere Kuchen, wie sich das für ein Café ziemt. Und verschiedene Frühstücksvarianten: das „Pendlerfrühstück" etwa, wie es sich eben für einen alten Bahnhof gehört. Spätestens draußen, an einem der Bahntrassentische, hat man das gute Gefühl, angekommen zu sein.

TIPP Montag und Dienstag ist Ruhetag, grundsätzlich am besten ein Plätzchen reservieren.

Feinkochwerk Eatery Bahnhofstraße 4, 82229 Seefeld, Tel. (0 81 52) 9 89 86 62
www.feinkochwerk-eatery.de

ÖPNV: S8 und Buslinie 820, 924 und 928, Haltestelle Bahnhof Hechendorf

Frei wie ein Stehpaddler

72 *Stand-up-Paddling auf allen fünf Seen*

Wie Jesus übers Wasser wandeln, das bleibt für Normalsterbliche auf ewig unerreicht. Selbst wenn es ihnen am dafür notwendigen Mut nicht mangelt, wie Matthäus im 14. Kapitel seines Evangeliums schreibt. Gleichwohl ist es machbar, nur eben auf andere Weise. Dazu bedarf es eines kleinen Vehikels: dem Surfboard. Mit ihm unter den Füßen und einem Paddel in der Hand, ist auf dem Wasser fast alles möglich. Selbst auf Wind und Wellen kann man dabei verzichten. Natürlich ist das Stehpaddeln gemeint, ein meditativer Sport, den man im Einklang mit der Natur an der frischen Luft treibt. SUV, also Stand-up-Paddling, dient aber nicht nur seelenhebender Kontemplation, es trainiert zudem die muskelbesetzten Schulter-, Rumpf- und Rückenpartien. Auch minder ambitionierte Bodybuilder kommen bei dieser elegant anmutenden Form des Übers-Wasser-Gleitens auf ihre Kosten. Beim Stand-up-Paddling gibt es eben kein Ansehen der Motivation – selbst wenn sie sich nur um pure Lust und reine Laune dreht. Und das Beste daran: Überall im Fünfseenland ist das aufrechte Schippern möglich. Allein die Qual der Seewahl obliegt einem selbst, denn jeder Akteur des Gewässerquintetts – dem die rund 20 Kilometer südwestlich von München liegende Region ihren Namen verdankt – hat seinen ganz eigenen Charakter: Der Wörthsee mutet überaus beschaulich an, der Pilsensee kommt dagegen eher romantisch daher, und knuffig-idyllisch geht es am Weßlinger See zu. Einen total gemütlichen Eindruck macht wiederum der Ammersee, einen etepetete-eleganten der Starnberger See. Nicht grundlos werden die beiden Letzteren volksmundig „Bauernsee“ oder „Fürstensee“ genannt. Und wo, kann man sich nun fragen, kommt denn nun bei all dem Wasser(sport)reichtum der besondere Glücksmoment zum Tragen? Auf dem Brett natürlich, auf dem man gerade mit beiden Beinen steht. Und dieses unglaubliche Übers-Wasser-Gehen-Empfinden hält so lange an, bis man sein Gefährt trockenen Fußes wieder verlässt – freiwillig oder … platsch!

TIPP Wer zusammen mit seinem Lebensmenschen stehpaddelt, erlebt quasi ein doppeltes Glück.

Überall dort, wo man freien Zugang zu den fünf Seen hat. Und wer kein eigenes Board hat, kann sich vor Ort eins ausleihen

Arielle

73 *Die Meerjungfrau vom Pilsensee*

Die Kopenhagener Uferpromenade schmückt eine ganz berühmte, in Herrsching am Ammersee lümmelt sich eine weniger bekannte in der Nähe des Kurparkschlösschens auf einem Waller und selbst in Bad Wiessee am Tegernsee läuft man einer unweit des Ufers über den Weg. Doch wer braucht die anderen Fabelwesen noch, wenn man der kleinen Meerjungfrau vom Pilsensee erst einmal begegnet ist. Nicht auf Augenhöhe zwar, weil die tonnenschwere Skulptur aus elfenbeinfarbenem Kelheimer Kalkstein auf einem massiven Sockel in rund fünf Metern Höhe über dem Boden zu schweben scheint. Ansichtig wird man diesem lieblichen Geschöpf mit der im sanften Bogen nach oben geschwungenen Schwanzflosse an der Staatsstraße zwischen Seefeld und Herrsching beim Abzweig nach Widdersberg. In geradezu artistischer Manier balanciert das sagenhafte Fischweib ihren auf der Hüfte ruhenden Mischleib dabei überaus grazil und harmonisch, während sie ihr Haupt sehnsüchtig Richtung Pilsensee wendet, dessen ungehinderten Anblick ihr inzwischen eine Phalanx aus Sträuchern und Laubbäumen verwehrt. Das soll vor knapp sechs Jahrzehnten, als sie dort ihren Standort fand, noch nicht der Fall gewesen sein, wie sich Zeitzeugen nur zu gut erinnern. Seinerzeit herrschte freie Sicht aufs angrenzende romantische Meer des Pilsensees. Vor wenigen Jahren war die kleine Meerjungfrau dann auf einmal weg, sie musste kurzzeitig dem Straßenbau weichen, geriet darüber aber nicht in Vergessenheit. Wie auch! Generationen von Anrainern haben die Figur so sehr ins Herz geschlossen, dass ein sehnsüchtiger und nicht abschwellender Ruf nach Restitution erklang. Gefühlt nach einer kleinen Ewigkeit, dafür aber frisch restauriert, nahm sie ihren angestammten Platz erneut ein. Und seither grüßt sie wieder alle querenden Passanten und Flaneure in gewohnt neckischer Attitüde, die Arme gereckt, das wilde Haar im Winde zerzaust, die nackte Brust selbstbewusst erhoben. Glücklich, wer mit ihr schwimmen dürfte!

TIPP Immer einen kleinen Abstecher wert: das Bräustüberl Schloss Seefeld im Gewölbe des alten Schlosses.

Skulptur Seejungfrau, an der Staatsstr. 2068 zwischen Seefeld und Abzweig nach Widdersberg, 82229 Seefeld

ÖPNV: Linie 924, Haltestelle Schloss Seefeld

Currywurst-Pommes-Schranke

74 *Fairzehr Stüberl in Aschering*

Currywurst ist Kult und kulinarisches Glück. Mit Abstand ist sie der beliebteste Imbiss-Snack der Deutschen. Seit mehr als 40 Jahren spielt sie in Film, TV und Liedern eine schmackhafte Rolle. Schon Schimanski verdrückte sie in seinen „Tatort"-Einsätzen. Nicht anders Ballauf und Schenk, auch sie spießen sie vor des Kölner Doms Kulisse scheibchenweise auf. Und Grönemeyer setzte ihr mit der Single „Currywurst" ein Denkmal, ein Klassiker seines Frühwerks. Leider herrscht beim Currywurst-Angebot ein starkes Nord-Süd-Gefälle vor, am Currywurstäquator Main scheiden sich die Geister. Zwar liebt der Nürnberger seine Nürnberger, der Franke seine Fränkischen und der Coburger seine Coburger Bratwurst, aber was nützt die ganze bayrische Wursterei, wenn keine „richtige" Currywurst dabei ist? Diesen unerträglichen Zustand haben Philipp Poggenseier und seine Mutter Britta – er gelernter Koch, sie Inhaberin eines Cateringbetriebs – im Pöckinger Ortsteil Aschering westlich des Starnberger Sees mit ihrem „Fairzehr Stüberl" endlich beendet. Nicht nur füllen die beiden mit ihrem kleinen Lokal ein langjähriges Vakuum – erst machte vor Dekaden das alte Dorfwirtshaus dicht, dann kam vor gut zwei Jahren für den einzig verbliebenen Hofladen das Aus –, auch bescheren sie allen Freunden der einzig wahren Currywurst, gerne mit Pommes-Schranke, an Ort und Stelle ein Glück spendendes Ziel. Ganz wichtig: Die Würste werden frisch importiert aus dem hessischen Frankenberg an der Eder (liegt nördlich des Main!), Britta Poggenseier ist dort geboren. Natürlich findet sich auf der überschaubaren Speisekarte noch mehr: Kaffee und Kuchen, Bratwurst und Eis sowie Getränke. Noch wichtiger: Das Dorf hat wieder einen sozialen Mittelpunkt, der sich ums urige Stüberl mit Schaffellen auf den wenigen Plätzen und dem kleinen Garten hinterm Haus dreht – jedenfalls mittwochs bis sonntags von 11 bis 20 Uhr. Wie sang Grönemeyer doch so schön: „Kommse vonne Schicht, wat schönret gibt et nich als wie Currywurst."

Fairzehr Stüberl, St. Sebastian-Str. 9, 82343 Aschering, Tel. (01 71) 4 30 53 99
www.fairzehrstueberl.jimdofree.com
ÖPNV: Linie 982 (Starnberg Nord-Aschering), Haltestelle Aschering

Bäume im Spalier

75 *Die Eichenallee bei Seefeld*

Wer Augen hat zu sehen, weiß um ihre Schönheit, die Mensch und Natur bereichern. Sie spenden Schatten an sonnenverliebten Tagen, sind kleine Biotope, die Vögeln und Insekten Lebensraum schenken, ihre prall gefüllten Laubdächer sorgen in Bodennähe für ein eigenes Klima. Auch filtern sie pausenlos Staub und schädliche Stoffe aus der Luft, dämpfen nervigen Zivilisationslärm und schenken obendrein noch lebenswichtigen Sauerstoff. Die Rede ist von vielseitigen Kraftpaketen: Baumalleen. Dabei gleicht keine der anderen, und dennoch tanzen immer wieder einige aus der Reihe hervor. Zum Beispiel die Eichenallee von Seefeld bis Delling, die an der Staatsstraße 2068 nach Weßling verläuft und als Kulturdenkmal in der Bayerischen Denkmalliste steht. Mit ihrer imposanten Länge von 2,8 Kilometern säumt sie die fast schnurgerade in leichten Bodenwellen dahingleitende Strecke und gilt als eine der längsten und schönsten Eichenalleen in ganz Europa. Mehr als 720 überaus mächtige Bäume stehen eindrucksvoll Spalier. An die 25 Meter ragen die Stieleichen – auch Sommereiche oder Deutsche Eiche genannt – mit ihren umfänglichen Stämmen und verzweigten Ästen in den Himmel empor, die meisten der Riesen mit ihrer tiefrissigen Borke sind an die 250 Jahre alt. Der damalige Schlossherr, Graf Clemens August von Törring-Seefeld (1725–1812), legte die Allee an, um hoch zu Ross, womöglich in einer zweiachsigen Kutsche mit beweglichem Verdeck, zu seinen nahe gelegenen Gütern Hofmark Delling und Schwaige Ettenhofen zu gelangen. Durch diese wunderschöne Eichenallee sollte man sich unbedingt einmal bewegt haben, obwohl die Staatsstraße stark befahren ist. Denn was einem in Erinnerung bleibt, ist nicht der Motorenlärm, sondern das ausdrucksstarke Bild geschichtsträchtiger Bäume. Und in einer entspannten Minute sieht man vorm inneren Auge, wie sich ihre mächtigen Kronen im Winde wiegen, und der Schlossherr vom schwarzen Rappen herab den Flaneur durch die Zeitläufte hindurch grüßt.

TIPP Gegenüber der Haltestelle den Hügel hinauf gehts durch den Wald zur Dellinger Höhe mit Alpenblick.

Eichenallee, Staatsstraße 2068 (Seefeld Richtung Weßling), 82229 Seefeld
ÖPNV: Buslinie 953 (Seefeld-Hechendorf-Weßling), Haltestelle Delling

Draht nach oben

76 *Erdfunkstelle Raisting*

In der näheren Umgebung des Dörfleins Raisting war gefühlt schon immer was los. Zur Römerzeit etwa stiefelten in der Gegend um den Ammersee zahlreiche Legionäre und Händler herum, kreuzten sich hier doch zwei ganz bedeutende Verkehrsadern, die Kempten mit Salzburg und Augsburg über den Brenner mit Italien verband. Vieles hat sich seither getan, geistliche und weltliche Akteure kamen und gingen, nur das idyllisch gelegene und 776 erstmals urkundlich erwähnte Pfarrdorf im bayerischen Oberland zeigt bis heute unermüdlich Flagge. Und seit den 60er-Jahren – das schießt den Vogel nun vollends ab – beheimatet Raisting auch noch eine Erdfunkstelle und ist damit ein wichtiger, wenn nicht der Nabel der Kommunikationswelt. Lediglich zwei Kilometer südlich des Ortskerns, in dem sich – nebenbei bemerkt – seit über zehn Jahren eine wachsende Anzahl von Weißstörchen ein klapperndes Stelldichein gibt, steht die Wiege des deutschen Satellitenfunks. Über riesige Parabolantennen bleibt man von hier aus rund um den blauen Planeten mit allen Kontinenten im Gespräch. Dabei mutet die geschützt liegende Ebene der sogenannten „Raistinger Wanne" – westlich und östlich von Moränenhügeln flankiert, im Süden vom majestätischen Alpenband abgeschirmt – wie ein episches Gemälde des Surrealisten Salvador Dalí an, in dem sich der Glücksortesucher wie in einer Sci-Fi-Landschaft frank und frei bewegen kann. Sieben große und noch viel mehr kleine Antennen mit Reflektoren und Spiegeln von bis zu 16 Metern Radius sind auf der farbtrunkenen Leinwand bunt übers Wiesengrün unterm königsblauen Himmel verteilt. Und inmitten dieses futuristischen und faszinierenden Rahmens steht die einstige Wallfahrtskirche St. Johannes mit ihrem Zwiebelhaubenturm, dabei mutet sie wie ein widerspenstiger Störsender an. 1428 errichtet und längst zum Denkmal erkoren, durchkreuzt sie die szenische Erdfunkstellenkomposition mit frommem Signal: „Was nützen euch all die Schüsseln hier, den heißen Draht nach oben gibts nur in mir."

Erdfunkstelle Raisting, Hofstätterweg 1, 82399 Raisting
ÖPNV: Bus 9650 (Utting-Weilheim), Haltestelle Sportplatz Raisting

Seltenes Ensemble

77 *Marienplatz in Oberalting*

In Oberalting, das zur Gemeinde Seefeld gehört, gibt es einen Platz, den man nur von Siedlungen mit langer Vorgeschichte kennt – und wie er kaum noch zu finden ist. Das macht den Oberaltinger so besonders und stimmt den Betrachter glücklich, einen solch traditionell geformten Ort im Herzen eines Dorflebens pulsieren zu sehen. Die bauhistorisch interessante Szene beherrscht unübersehbar die Pfarrkirche St. Peter und Paul. Ein barockisiertes spätgotisches Gebäude, dessen Wiege vor nicht weniger als 1.210 Jahren geschaukelt wurde – erstmals erwähnt in einer Schenkungsurkunde von 810 – und das im Laufe der Jahrhunderte gleich mehrere Neu- und Umbauten erfuhr. Diese dynamische Entwicklung kann man am etwas unstimmig wirkenden Westturm mit der Zwiebelhaube und dem güldenen Kreuz darüber ablesen: Unten beginnt er als mächtiges Geviert mit überdachten Anbauten, um dann in einen achteckigen Abschnitt mit spitzbogigen Schallöffnungen überzugehen, hinter deren Lamellen die Glocken ihr Geläut spenden, wenn es die Stunde verlangt. Innen präsentiert sich dagegen, was Kirchen dieses Ranges im Allgemeinen eint: hinreißende Ausführungen meisterlicher Handwerkskunst ganz unterschiedlicher Gewerke. In unmittelbarer Nähe von St. Peter und Paul, wo sich ursprünglich ein Anwesen mit Bauernhof und kleiner Metzgerei fand, kam um 1850 ein Wirtshaus dazu, in dem man nach der Sonntagsmesse Neuigkeiten austauschte und die mahnenden Worte des Pfarrers runterspülte. Heute ist das Gasthaus Ruf mit seinen urigen Gaststuben und dem feinen Biergarten vor der Tür eine der ältesten Gaststätten im Fünfseenland. Schließlich gesellte sich noch der Marienbrunnen dazu: mit einer goldfarbenen, im Sonnenlicht strahlenden Marienfigur, die auf einer Säule ruht, ein blumenbekränzter Brunnen zu ihren Füßen. Mehrere Sitzbänke auf dem Marienplatz laden die Besucher ein, die immer seltener werdende Dreieinigkeit aus Kirche, Gasthaus und Brunnen in Ruhe und Andacht zu genießen. Was für ein Ensemble!

TIPP Unbedingt nebenan bei der Metzgerei Huf reinschauen und Wurst und Fleisch probieren: ein Traum.

Marienplatz, 82229 Seefeld-Oberalting am Pilsensee

ÖPNV: Buslinie 924, Haltestelle Marienplatz Oberalting

Heilige Maria
Mutter Gottes
bitt' für uns

Auf dem Heiligen Berg

78 *Das Andechser Bräustüberl*

Wer vom Fünfseenland spricht, kann von der Starnberger Gemeinde Andechs nicht schweigen. Sie liegt oberhalb des Ostufers vom Ammersee und ist Heimstatt zweier bedeutender Unternehmen, die beide Andechs im Markennamen führen und deren Produkte Manna für Leib und Seele sind. Das sind die Mönche des Benediktinerklosters mit ihren berühmten Klosterbieren und die Molkerei Scheitz mit ihren Erzeugnissen aus Kuh- und Ziegenmilch. Letztere kennen 90 Prozent der Deutschen unter dem Bio-Brand „Andechser Natur", sie gilt als größte Biomolkerei Europas. Allerdings sind sich Brauerei und Molkerei nicht gerade grün, ein Zoff endete gar vorm EuGH. Den Klosterbrüdern schmeckte die Verwendung „Andechser Natur" nicht, was die Richter jedoch anders sahen. Ebenfalls keinen Spaß verstanden die Mönche, als die Molkerei ein neues Hochregallager plante. Der Entwurf zeigte einen Turm mit kritischer Höhe. Ganze 36 Meter sollte er sich in den Himmel schrauben, stünde damit dem Andechser Kirchturm in nichts nach. Das ging der Katholischen Kirche entschieden zu weit, am Ende gab Scheitz klein bei. Zum Glück ist von diesen Reibereien auf dem „Heiligen Berg" überhaupt nichts zu spüren. Vielmehr geht es im Andechser Bräustüberl mit dem berühmten Kloster-Biergarten absolut locker und entspannt zu. Hier oben auf der beliebten Terrasse mit ihren 1000 Plätzen – auf der Ost-Terrasse stehen noch einmal 100 bereit – treffen sich Besucher aus der ganzen weiten Welt: Einheimische, Pilger und Touristen. Da ist Gastfreundschaft kein leeres Versprechen, man fühlt sich aufgehoben wie in Mutters Schoß. Dazu spielen immer wieder (wenn das Wetter stimmt zwischen 12 und 15 Uhr) wechselnde Blaskapellen in zünftiger Montur auf. Dann prostet man sich mit einem süffigen Klosterbräu in der Hand bierselig, ja, bierglücklich zu. Vom Biergarten aus ist die Brauerei zu sehen, in der die sieben ausgeschenkten Sorten nach alter Bierbrauerkunst entstehen. Und an klaren Tagen strahlen einen von Süden auch noch die Alpen freundlich an.

TIPP Das Kloster Andechs bietet verschiedene Führungen an, die durch die Bank empfehlenswert sind.

Andechser Bräustüberl, Bergstraße 2, 82346 Andechs
www.andechs.de
ÖPNV: Buslinien 951 (Starnberg-Herrsching), 958 (Tutzing Andechs), 928 (Walchstadt-Andechs), Haltestelle Kloster Andechs

Marias Botschaft

79 *Seekapelle am Dampfersteg in Bernried*

Angesichts von Leiden jedweder Natur fühlt man sich häufig hilflos und ohne Macht. Dabei ist es oft schon die bloße Anwesenheit, ja, das zugewandte Zuhören, welche das Gegenüber hoffen lässt und in der Folge glücklich macht. Genau diese Botschaft ist es, die die Madonnenfigur in der Seekapelle am Dampfersteg in Bernried dem Betrachter erzählt. Sie befindet sich in dem mit Zinnen besetzten und 1684 in die Gartenmauer des Klosters eingebauten Turm. Tatsächlich wird die herzergreifend dargestellte Maria mit ihrem verstorbenen Sohn im Schoß, die ihrem Lieben sogar noch im Tod treu bleibt, schon seit rund 500 Jahren von den Bernriedern als „liebwoanet Frau am See" („in Liebe weinende Frau am See") fromm verehrt. Um die Marienfigur ranken Legenden. So soll sie nach einem Sturm ans Ufer geschwemmt worden sein. Und: Die Einheimischen hätten die frühbarocke sinnlichere Figur zu gern gegen eine altmodische gotische, die oben im Dorf in der Hofmarkskirche stand, getauscht. Sie hätten es auch zweimal versucht, doch auf wundersame Weise gelangte Maria über Nacht wieder an ihren alten Platz – sogar echte Tränen hätte die Figur deswegen vergossen. Schließlich sahen es die Leute ein und ließen von ihrem Vorhaben ab: „Sie will unten bleiben. Lasst sie." Und sofort hätte sie aufgehört zu weinen. Was bei der Seekapelle dem aufmerksamen Betrachter ebenfalls ins Auge fällt, ist die überm Türsturz angebrachte Notenblatt-Tafel. Auf ihr ist ein Auszug aus der Partitur von Mozarts Kanon „Ave Maria" zu sehen sowie die Jahreszahl „1813" und der Name „J. Glück". Gemeint ist damit Josef Glück, der damals kurz nach der Säkularisation (1803) Bernrieder Pfarrer war. Wie lebendig die Marienfrömmigkeit in dieser Region noch ist, davon kann man sich alljährlich am Abend des 15. August (Mariä Himmelfahrt, in Bayern ein Feiertag) ein Bild machen: Dann zieht eine Lichterprozession langsamen Schrittes singend an der „liebwoanet Frau am See" vorbei.

TIPP Drei Gehminuten von der Seekapelle entfernt lädt der traumhafte Bernrieder Park zum Spaziergang ein.

Seekapelle am Dampfersteg, An der Mühle (Uferweg), 82347 Bernried am Starnberger See
ÖPNV: Buslinie 9614 (Tutzing-Penzberg), Haltestelle Abzweig Bahnhof Bernried

Heitere Aussichten

80 *Altdeutsche Wetterstation in Dießen*

„Haben wir ein Glück mit dem Wetter." Das ist einer der meistgetroffenen Feststellungen, wenn man sich unternehmungslustig auf Reisen begibt und die Sonne lacht. Das verwundert kaum, möchte man doch möglichst vermeiden, dass der Ausflug, auf den man sich schon lange gefreut hat, ins Wasser fällt. Dabei kommt das immer wieder vor. Auch heutzutage versagen noch vielfach die Wettervorhersagen, selbst „WetterOnline" oder andere Apps schaffen nur vage Prognosen. Zu oft hat man sich auf seinen Handy-Frosch verlassen und saß entnervt zu Hause, weil das angedrohte Unwetter mit wilden Stürmen und heftigem Regen ausblieb. So ist die Geschichte der Wetterprognosen eine lange Story des Versagens. Selbst der berühmte „Hundertjährige Kalender" mit seinen unzähligen Bauernregeln, der sich über Jahrhunderte in der Gunst der Leute hielt, war nicht mehr als ein netter Versuch von vielen. Als könnten Reime wie „Ist der April auch noch so gut, er schneit dem Bauern auf den Hut" sich seriös zum Wetter äußern. Wer's glaubt, wird selig! Um angesichts dieses haarsträubenden Befunds nicht gleich wie ein HB-Männchen in die Luft zu gehen, tut Abhilfe not. Und die gibt's verlässlich und erheiternd zugleich in Dießen am Ammersee. Auf Höhe der Herrenstraße 22, wo sich die beiden nebeneinanderliegenden Gebäude des Drogerie-Reformhaus-Foto-Loh berühren. Hier prangt an der Außenwand die „Altdeutsche Wetterstation". Eine an den Rändern ausgefranste Metallplatte mit einem hervorstechenden Dorn, an dem ein von gewundenem Draht gehaltener quaderförmiger Pflasterstein hängt. Ihre schwarz auf grau geschriebenen Prognosen sind ebenso simpel wie smart – und wahr. Um nur ein Beispiel zu nennen: „Stein unsichtbar – Nebel". Vor allem aber zaubern ihre Vorhersagen selbst ins miesepetrigste Gesicht ein heiteres Lächeln – ob es sonnt, stürmt oder schneit. Und selbstverständlich darf auch diese uralte Binse nicht fehlen: „Es gibt kein schlechtes Wetter, es gibt nur ungeeignete Kleidung!"

TIPP Wenn man schon mal davor steht, sollte man unbedingt beim Loh reinschauen, stöbern und staunen.

Altdeutsche Wetterstation, Herrenstr. 22, 86911 Dießen a. Ammersee
www.loh-diessen.de

ÖPNV: Buslinie 9650 (Weilheim–Dießen), Haltestelle Mädchenrealschule Dießen

Altdeutsche
Wetterstation
Stein schaukelt – Wind
Stein ruhig – Windstille
Stein nass – Regen
Stein trocken – kein Regen
Stein wirft Schatten – Sonne
Stein weiß – Schnee
Stein löchrig – Hagel
Stein unsichtbar – Nebel
Stein runtergefallen – Erdbeben
Stein weg – geklaut!

Bibliografische Informationen der Deutschen Nationalbibliothek
Die Deutsche Nationalbibliothek verzeichnet diese Publikation in der Deutschen Nationalbibliografie; detaillierte bibliografische Daten sind im Internet über http://dnb.d-nb.de abrufbar.

Konzeption/Satz: Droste Verlag, Düsseldorf
Einbandgestaltung und Illustrationen: Britta Rungwerth, Düsseldorf, unter Verwendung von Bildern von © Fotolia.com: jd – photodesign.de; © iStock: Plociennik Robert
Fotos: Harald Hesse, außer:
S. 17: © Rentamt Graf Toerring/Fotograf: Dominik Haf; S. 37: © Camping Pilsensee/Fotograf Dominik Haf; S. 73: © Rolshausen Baobab; S. 75: © Gondel Wörthsee; S. 79: © Sara Krupper & Chris Janik – imagecrafter; S. 85: © Gemeinde Pöcking; S. 121: © Museum Starnberger See

MIX
Papier aus verantwortungsvollen Quellen
FSC® C011279

Druck und Bindung: LUC GmbH, Greven
ISBN 978-3-7700-2228-1

www.droste-verlag.de